内蒙古民族教育与心理发展研究基地赞助出版

幼儿园新手教师教学能力研究

YOU'ERYUAN XINSHOU JIAOSHI JIAOXUE NENGLI YANJIU

何 菲◎著

安徽师范大学出版社
ANHUI NORMAL UNIVERSITY PRESS
·芜湖·

图书在版编目(CIP)数据

幼儿园新手教师教学能力研究 / 何菲著 .—芜湖:安徽师范大学出版社,2023.5

ISBN 978-7-5676-6176-9

Ⅰ.①幼… Ⅱ.①何… Ⅲ.①幼儿园—教师—教学能力—研究 Ⅳ.①G615

中国国家版本馆CIP数据核字(2023)第071522号

幼儿园新手教师教学能力研究　　何　菲◎著

YOU'ERYUAN XINSHOU JIAOSHI JIAOXUE NENGLI YANJIU

责任编辑:祝凤霞　夏珊珊　　责任校对:辛新新

装帧设计:张　玲　姚　远　　责任印制:桑国磊

出版发行:安徽师范大学出版社

芜湖市北京中路2号安徽师范大学赭山校区　邮政编码:241000

网　　址:http://www.ahnupress.com/

发 行 部:0553-3883578　5910327　5910310(传真)

印　　刷:江苏凤凰数码印务有限公司

版　　次:2023年5月第1版

印　　次:2023年5月第1次印刷

规　　格:700 mm × 1000 mm　1/16

印　　张:12

字　　数:161千字

书　　号:ISBN 978-7-5676-6176-9

定　　价:49.80元

前　言

为实现国家大力发展学前教育的宏观目标，培养祖国的建设者和接班人，落实国家颁布的各项学前教师教育政策，加强我国幼儿教师队伍建设。近年来，国家及地方政府先后颁布和出台了众多教师教育政策，并进行了良好推进，《国家中长期教育改革和发展规划纲要（2010—2020年）》《国务院关于当前发展学前教育的若干意见》都对我国幼儿教师队伍建设提出了严格标准和要求。我们一直想了解随着各类学前教师培养培训制度的推行，当前幼儿园教师专业素质真实的发展水平。我们选择了内蒙古某高等学校学前教育专业毕业后从教1—3年的新手教师作为调查对象，探究幼儿园新手教师教学能力的状况、影响因素，以及相应问题的解决对策。

幼儿园教师教学能力的高低是幼儿园教学成败的关键。拥有良好的师资，是保障教学质量的核心因素之一。在实际教学中，幼儿园师资存在的问题已逐渐成为制约幼儿园教学质量提高的瓶颈，新手教师在幼儿教师专业发展历程中起着承上启下的作用。幼儿园新手教师存在教学实践经验相对不足、教学能力相对薄弱等问题，对这些问题进行研究有利于建立体制健全的幼儿教师队伍管理机制。本书第一部分为概述，主要讨论幼儿园新手教师教学能力研究的重要价值，介绍研究所采用的方法以及国内外相关研究动态等。第二部分对与本研究相关的概念进行了明晰，并从教育学、心理学、社会学等多角度对教师教学能力的构成进行了剖析，提出幼儿园新手教师教学能力由幼儿教学认知能力、幼儿教学设计能力、幼儿教学实施能力、幼儿教学评价能力四部分构成的设想。第三部分从政府、教育机构、幼儿园、教师四个角度，分析归纳出影响幼儿园新手教师教学能力发展的主要因素，提出提升幼儿园新手教师教学能力的策略：政府应完善保障政策和激励机制；教师教育机构应创建多元化的培养途径；幼儿园应构建及优化新手教师教学能力发展平台；教师应坚定幼儿教学信念，坚持系统反思。

幼儿园教师教学能力一直是学前教育领域的热点话题，有众多学者通过实践调研产生了很多研究成果，并著述论述。笔者认为，一名幼儿园教师初入职的适应，包括对职业的认可、在工作中可能遇到的教学问题，以上困惑的解决是其以后顺利成为优秀教师的基础。呈现幼儿园新手教师教学能力的状态，分析其影响因素，并提出有效解决问题的策略，是培养一名合格幼儿园教师的重要方式。本书中的研究源于笔者多年来对幼儿园教师领域的兴趣，也是对自己一些想法的总结，若觉行文不够深刻，请读者海涵。本书中也有学生搜集的案例，在此表示感谢。

2021年3月6日，习近平总书记在全国政协十三届四次会议医药卫生界、教育界委员联组会上强调：“做好老师，就要执着于教书育人，有热爱教育的定力、淡泊名利的坚守，就要有理想信念、有道德情操、有扎实学识、有仁爱之心。”教育家陶行知说：“在教师手里操着幼年人的命运，便操着民族和人类的命运。”新手教师是幼儿园教师队伍的重要力量，良好的保教实践能力，遵循幼儿身心发展特征和保教规律，为学龄前儿童提供适宜的教育，促进学龄前儿童全面健康发展，做学龄前儿童成长的引路人，是幼儿园新手教师专业成长的标准和目标。幼儿园新手教师要在保教活动中不断提升自己，挖掘自身的教学潜能，成为优秀的人类灵魂工程师，成为“有理想信念、有道德情操、有扎实学识、有仁爱之心”的四有好教师。

目　录

第一章　概述

第一节　幼儿园新手教师教学能力研究背景

幼儿教育阶段是个人学习成长的奠基阶段，为个体一生的发展奠定重要基础。幼儿园是幼儿教育的主要阵地。幼儿教学成功的关键在于幼儿园教师的教学能力，幼儿园教师是幼儿教学任务的主要承担者与实施者，其教学能力对幼儿教学质量具有决定性作用，其良好的教学能力能够调动幼儿的积极性，提升幼儿的学习水平。

为深入贯彻落实《中共中央、国务院关于全面深化新时代教师队伍建设改革的意见》精神，推动各地创新教师培训模式，提升教师培训针对性和实效性，在总结各地培训经验的基础上，教育部研究制定了《教师培训者团队研修指南》《新教师入职培训指南》《幼儿园新入职教师规范化培训实施指南》《全国中小学教师信息技术应用能力提升工程2.0整校推进实施指南》等11个“国培计划”教师培训项目实施指南。这些指南可以有效推动各地形成幼儿园新入职教师的规范化培训机制，完善并严格实施教师准入制度，严把教师入口关，整体提升幼儿园新入职教师的素质和能力，使之尽快成为合格的教师。学前教育质量的提高，需要我们建设一支高质量的幼儿园教师队伍，而年轻富有活力的学前教育师范生步入幼教场域，为学前教育师资队伍注入了新鲜的血液。新入职的幼儿园教师，特别是本科及硕士研究生学历的幼儿园教师，他们的知识面广、教育观念较新、可塑性强，如果为他们提供成长的沃土，让他们的专业能力在实践场域当中获得锤炼，将来很可能成为一线学前教育教师的重要力量。我们在多年的幼儿园实践过程中发现，幼儿园教师刚入职时会遇到各种各样的问题，存在各种各样的困难，以致出现焦虑心理，对自己的职业成长缺少信心，长期处于迷茫状态，找不到目标，工作的热情和积极性也随之减退。

幼儿园教师教学能力决定着学前教育的质量，新入职教师是幼儿园教师队伍的重要后备力量，对他们教学能力的考量，是提升学前教育质量的必然需求。在参考了众多研究者的成果之后，本书以内蒙古某大学学前教育专业本科毕业生新入职幼儿园教师作为研究对象，探查本科学历幼儿园新手教师进入幼儿园一线场域，在教学能力提升和发展方面呈现的状态以及有可能存在的问题。本书选择本科学历幼儿园新手教师作为研究对象，原因有两点：首先，近年来本科学历学前教育专业师范生进入幼儿园一线的人数逐年增加，已经成为幼儿园师资队伍中的重要力量。其次，本书中的幼儿园新手教师集中于县域以下地区从事幼教职业的幼儿园教师，本书欲探究本科学历的幼儿园新手教师在这样的工作场域中的专业成长及未来走向。长期以来，诸多大学学前教育专业的培养目标为培养幼儿园教学、科研和管理方面的高级应用型人才。然而，随着越来越多的本科毕业生选择进入幼儿园一线工作，他们的问题也逐渐显露出来。这些毕业生拥有较高的学历，刚入职时充满热情，有较强的接受能力和学习能力，对幼儿有耐心。但由于他们刚刚走出大学校门，缺乏教学经验，还不能很好地将大学期间所学的理论知识转化为实践，缺少在幼儿园场域中应对各种突发事件的能力等。因此在这一阶段，如何提升幼儿园新手教师教学能力，有针对性地去解决其工作难点，是我们应该关注的重点。

第二节　幼儿园新手教师教学能力研究意义及研究方法

一、研究意义

（一）研究的理论意义

本书主要针对幼儿园新手教师的教学能力问题进行研究，通过呈现幼儿园新手教师教学能力的影响因素，找到推动幼儿园新手教师教学能力发展的新思路。期望以幼儿园新手教师教学能力作为研究出发点，为幼儿园新手教师专业发展的理论研究提供更多的客观数据。本书试图从民族学、教育学、语言学等多角度出发，探索幼儿园新手教师教学能力方面的问题，充实幼儿园教师教育理论，同时对丰富幼儿教育及民族教育理论体系起到添砖加瓦的作用。

（二）研究的现实意义

我国历来重视幼儿园新手教师的专业发展，因为这是做好幼儿教育的基本保证。提高幼儿园教师的教学能力，是逐步推行幼儿园教师发展职业化的有效途径之一。本书以幼儿园新手教师为研究对象，找出影响幼儿园新手教师教学能力发展的因素，提出幼儿园新手教师教学能力提升的策略，促进幼儿园新手教师的专业成长，指导幼儿园新手教师的教学实践，对于幼儿教学实践有一定的借鉴意义。通过本研究，可以更进一步深化教师研究领域中对于教师教育理论的理解，更加直观地认识到幼儿园新手教师在实际教学情境中教学能力的重要性，加深我们对这一群体的认识。通过本研究有效提高幼儿园新手教师素质，提升幼儿教学的效果。

培养高质量幼儿师资一直是我们发展学前教育的重要环节，对于幼儿园新手教师的研究，能够为幼教师资职前培养和职后培训提供一定的参考和借鉴。对幼儿园新手教师的教学能力进行研究，明确幼儿园新手教师存在的问题与困惑，能够为制定科学的幼儿教育人才培养政策提供理论支持，能够推进和规范高等院校幼儿教育人才的培养，促进幼儿教育科学持续发展。同时，通过本研究，能推进校园合作，构建高校与幼儿园联合培养机制，加强师范类院校幼儿教育专业与实验幼儿园的进一步合作，增加产学研结合的深度与广度。

二、研究方法

根据研究需要，本书主要采用文献法、调查法、观察法和统计分析法等研究方法。

（一）文献法

文献法主要指搜集、鉴别、整理文献，并通过对文献的研究形成对事实的科学认识的方法。它是一种古老而富有生命力的科学研究方法，一般包括以下基本步骤：首先根据现有的理论事实等提出课题或假设、思考设计如何来操作，其次是资料的汇总，搜集期刊、书籍、博硕学位论文等文献，整理分析文献，获得研究近况，最后进行文献综述。文献法的目的在于通过检索、搜集、鉴别、运用以往的资料，在资料当中发现以往研究的特点和现状，重新对原有的文献加以分析和综合，最后在原有文献的基础上发现新的特点和规律，为自己的研究奠定理论基础。本研究采用文献法，也是想通过其他学者的研究得到一定的启示和指导。本研究在前期准备过程中，通过多种渠道搜集了很多相关的文献资料，包括期刊、博硕学位论文等，并对搜集到的

600多篇文献进行了系统梳理，分析总结了相关领域的研究特点，从整体上把握国内外的研究现状，总结了在幼儿园新手教师研究方面的研究成果及存在的不足，为本研究做好铺垫和理论准备。

（二）调查法

调查法通常是指为了达到预定的目的，制订某一计划用以全面或比较全面地收集研究对象的某一方面情况的各种材料，并进行分析、综合，得到某一结论的研究方法。它的优点是可以全面把握当前的状况，揭示存在的问题，弄清前因后果，为进一步的研究或决策提供观点和论据。本书主要采用了调查法中的问卷调查法和访谈调查法，研究编制了《幼儿园新手教师教学能力调查问卷》，包括32道与幼儿园新手教师相关的题目，并对内蒙古某高校学前教育专业本科毕业且入职3年内的68名幼儿园新手教师进行问卷调查，回收问卷63份，有效问卷61份，回收率为92.6%，有效率为96.8%。访谈调查法是研究者通过带有一定目的的谈话提纲，以轻松愉快的谈话方式向被研究者获取有效客观的相关信息的方法。在本研究中，研究者通过与6名幼儿园新手教师进行访谈交流来收集所需资料。在对2名教学主任的访谈中，研究者知晓了幼儿园新手教师教学的基本情况；在与各班级教师的访谈中了解了幼儿园新手教师教学能力情况及现实困境等，同时运用录音笔、访谈简记提纲进行记录，访谈结束后进行文字梳理，为本次研究提供了丰富的资料。

（三）观察法

观察法是指研究者根据一定的研究目的、研究提纲或观察表，用自己的感官和辅助工具去直接观察被研究对象，从而获得资料的一种方法。科学的观察具有目的性、计划性、系统性和可重复性，常见的观察方法有：核对清单法、级别量表法、记叙性描述法。观察法一般利用眼睛、耳朵等感觉器官去感知观察对象，但由于人的感觉器官具有一定的局限性，观察者往往需要借助各种现代化的仪器和手段，如照相机、录音机、录像机等来辅助观察。为弥补调查研究的不足，笔者采用了参与式观察法，亲自到一线幼儿园跟班，通过观察幼儿教学环境的创设、幼儿园新手教师的一日活动组织，对幼儿园新手教师教学活动进行了详细的文字记录。通过观察教师的教学行为，来探讨和剖析幼儿园新手教师的教学能力。为增强本研究的客观真实性，实现实验研究数据的可视化，本研究使用SPSS26.0和Excel对调研的数据进行分析处理。

第三节　幼儿教师研究走向及专业标准探索

一、我国幼儿教师研究热点与走向

（一）前言

我国政府十分关注幼儿教师这一职业群体，《国家中长期教育改革和发展规划纲要（2010—2020年）》《国务院关于当前发展学前教育的若干意见》均指出要大力加强幼儿教师队伍建设，《幼儿园教师专业标准（试行）》《国务院关于加强幼儿园教师队伍建设的意见》对合格幼儿园教师提出更规范的要求。诸多学者纷纷将目光聚焦在幼儿教师的相关研究上，研究成果量逐年攀升。那么，幼儿教师研究现状到底如何、取得哪些成果、存在哪些问题、有哪些可借鉴的经验呢？

博硕学位论文能较好地代表某一学术研究领域的前沿性、创新性，具有内容涵盖广、专业性强、应用价值高的特点，可以在一定程度上反映该领域的发展动态、热点、趋势。故本书选取2003—2012年间以“幼儿教师”为主题的博硕学位论文为对象，采用文献计量、内容分析、共词分析、社会网络分析等方法，对十年间我国幼儿教师领域研究状况进行述评。

（二）文献搜集及研究方法

1. 文献搜集

本书以中国知网（CNKI）资源总库中博硕学位论文库和北京师范大学数字图书馆北京师范大学博硕学位论文库为数据库源，检索条件键入主题或题名为幼儿教师或学前教师或保育员，年限设定为2003—2012年，共检索到1 179条记录。以是否侧重体现幼儿教师研究为标准，筛选出论文682篇作为计量分析原始数据。由于我国研究者对幼儿教师和学前教师的定义存有争议，不乏作者在论文中混用，本书据《中国学前教育百科全书：教育理论卷》将幼儿教师界定为受社会的委托，在幼儿园或其他幼教机构中对儿童身心发展施加影响、从事教育和保育工作的教育工作者[①]。因此，本研究将以学前教师为主题的论文中符合这一含义的文献也纳入研究数据。

2. 研究方法

本研究采用共词分析法、内容分析法、社会网络分析法等计量学方法。共词分析法主要是通过对能够表达某一学科领域研究主题或研究方向的专业术语共同出现在一篇文献中的现象的分析，判断学科领域中主题间的关系，从而展现该学科的研究内容与结构[②]。内容分析法是一种对研究对象的内容进行分析，透过现象看本质的科

① 卢乐山，林崇德，王德胜. 中国学前教育百科全书：教育理论卷[M]. 沈阳：沈阳出版社，1995：157.

② 董伟. 国内近十年数字图书馆领域研究热点分析——基于共词分析[J]. 图书情报知识，2009(5)：58.

学方法[①]，本质上是通过对定量统计数据的分析得出有意义的定性结果。社会网络分析法是对社会关系结构及其属性加以分析的一套规范和方法，它主要分析的是不同社会单位（个体、群体或社会）所构成的关系的结构及其属性[②]。在统计过程中，用Excel2003、SPSS26.0、bicomb、ucinet6.0等软件进行数据处理，利用图像生成功能将结果可视化。

（三）研究结果

1.论文总量分析（趋势）

图1-1表明，我国幼儿教师领域研究的论文数量在2003年到2012年整体呈增长态势，从2003年的18篇增至2012年的148篇，并且在2007年与2010年产生了两次显著增长，这与我国学前教育改革与发展的状况基本一致。一方面研究生扩招，研究生数量逐年增长，幼儿教师研究队伍也随之快速壮大；另一方面学前教育制度变迁和社会需求给硕、博士生们提供了更好的政策导向和实践平台。

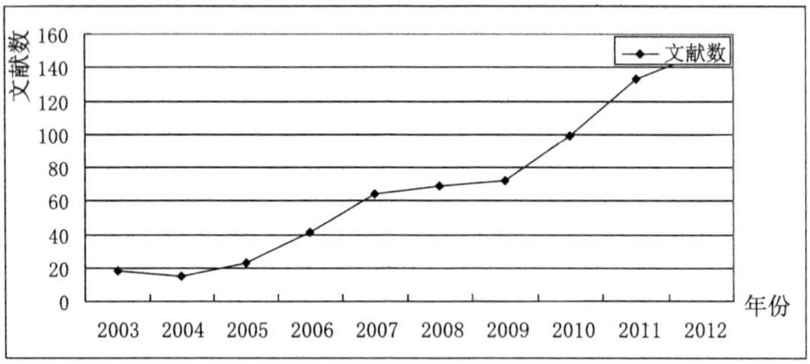

图1-1　2003—2012年我国关于幼儿教师研究博硕学位论文文献数量分布

① 邱均平，邹菲.关于内容分析法的研究[J].中国图书馆学报，2004(2)：12.
② 林聚任.社会网络分析：理论、方法与应用[M].北京：北京师范大学出版社，2009：2.

2.研究方法运用情况

在研究方法方面，本书采用了姚计海、王喜雪对1 073篇教育类学术研究样本研究方法的四种研究范式的划分。因文章较多，研究利用Excel随机抽取300篇作为分析样本，研究方法频次总体分布如图1-2所示。在所抽取的样本中，使用最多的是混合研究方法，文章数达148篇，占样本量的49.3%；其中将文献法、访谈法和问卷调查法三种方法混合使用的论文共83篇，占混合研究的56.1%。其次为质性研究方法，文章数为98篇，占样本量的32.7%；其中以观察、访谈为具体方法的论文44篇，个案研究20篇，叙事研究、行动研究分别为6篇，田野调查以及多种具体质性方法混用论文22篇。排在第三位的是量化研究方法，共32篇，占10.7%，除1篇实验法外其余31篇均是统计调查法。最后为思辨研究方法，有22篇文章，占7.3%。可以看出，方法的混合使用已是一种趋势。

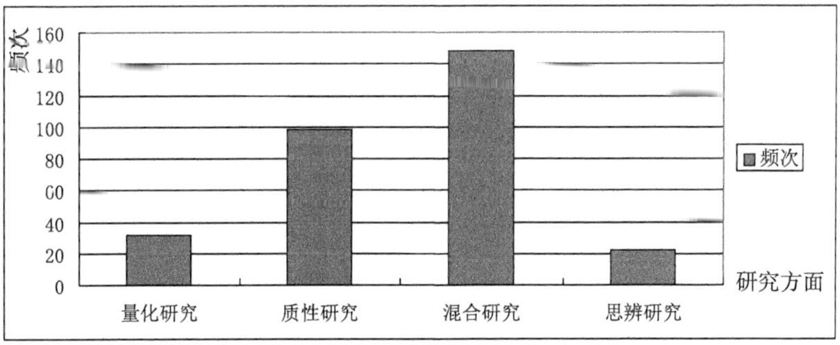

图1-2　2003—2012年我国关于幼儿教师研究博硕学位论文样本研究方法频次总体分布

3.研究院校分布

统计发现，近10年共53所院校博硕学位论文涉及幼儿教师研究。其中师范类院校34所，综合类大学13所，基本有学前教育专业硕士点的都有幼儿教师类选题的博硕学位论文，另外沈阳体育学院、合肥工业大学等艺术类理工类6所院校也有相关论文的涉及。论文数量排首位的是北京师范大学，有86篇，占53所发文机构总量的13%，其次是西南大学、华东师范大学、东北师范大学、南京师范大学，分别占发文机构总量的10.7%、8.4%、7.6%和4.9%。5所学校论文数量占据了发文总量的近一半，可以看出这5所学校在幼儿教师研究领域有着较明显的优势和学术影响力。这与院校博硕士点获批时间及幼儿教师研究专家引领不无关联。另外，有20所院校幼儿教师领域的博硕学位论文发文量为2篇或2篇以下，说明研究院校之间在幼儿教师研究上有一定差距，需加强院校之间的帮扶和交流。

4.研究热点

首先，利用bicomb软件进行关键词抽取及词频统计，通过阅读部分学位论文对其作甄别合并等标准化处理（如幼师生、幼师学生、幼儿师范学生）。对规范后的1 263个关键词进行统计，得到由高到低的关键词频次排序情况，去掉频次为251的“幼儿教师”这一线条过粗、无实际意义的关键词，再根据关键词频次的实际分布情况及研究需要，将关键词频次≥8的38个有效高频关键词作为研究对象，借此38个高频关键词分析近10年幼儿教师领域博硕学位论文的研究热点（见表1–1）。

表1-1 我国幼儿教师领域博硕学位论文高频关键词

序号	关键词	频次	序号	关键词	频次
1	专业发展	72	8	影响因素	22
2	幼儿园	54	9	教师专业化	19
3	幼儿园教师	45	10	幼儿	19
4	对策	40	11	幼师生	18
5	现状	27	12	学前教育专业	15
6	幼儿师范学校	25	13	师幼互动	13
7	个案研究	24	14	农村	13

续　表

序号	关键词	频次	序号	关键词	频次
15	工作满意度	13	27	社会支持	9
16	叙事研究	12	28	集体教学活动	9
17	民办幼儿园	12	29	生存状态	9
18	行动研究	11	30	继续教育	9
19	新教师	11	31	问题	8
20	幼儿教师教育	11	32	主观幸福感	8
21	调查	11	33	专业能力	8
22	职业倦怠	11	34	教育行为	8
23	培养	11	35	课程设置	8
24	农村幼儿教师	11	36	学科教学知识	8
25	职业压力	10	37	园本教研	8
26	职业认同	10	38	保育员	8

为探究上表高频关键词之间的关系，需要对这些高频关键词两两进行统计构造矩阵，并用SPSS26.0相关分析功能的Ochiia系数转化为相关矩阵，再对矩阵进行聚类分析，通过归类展现幼儿教师领域的研究热点分布。

概览高频关键词的聚类分析树状图（见图1-3），可将幼儿教师领域博硕学位论文的研究热点大致分为七大类：第一类，关于幼儿教师职业现状、面临的问题、影响因素及对策研究，包括对策、问题、保育员、幼儿园、园本教研、现状、影响因素等关键词。第二类，师幼互动研究，主要涉及集体教学活动中的师幼互动，包括集体教学活动、师幼互动等关键词。第三类，幼儿教师知识和能力研究，主要涉及幼儿园教师专业能力和学科教学知识的研究，包括幼儿园教师、专业能力、学科教学知识、民办幼儿园、生存状态、调查等关键词。第四类，幼儿教师专业化发展研究，下分两个小类：一类为幼儿教师专业化途径、支持策略以及幼儿教师教育改革的相关研究，关键词包括教师专业化、幼儿教师教育；另一类为农村幼儿教师的继续教育和专业发展等相关研究，包括农村、继续教育、农村幼儿教师、专业发展、个案研究、行动研究、新教师等关键词。第五类，幼儿教师心理研究，主要涉及幼儿教师职业认同、工作满意度、职业倦怠等职业心理及其社会支持，包括工作满意度、职业认同、职业倦怠、社会支持、主观幸福感、职业压力等关键词。第六类，幼儿教师教育行为研究，主要涉及幼儿教师对幼儿的教育行为，包括幼儿、教育行为等关键词。第七类，幼教师资培养研究，主要包括幼儿师范学校和高等学校师资培养问题，涉及学生专业素养培养和学校教学、课程设置等研究，包括幼儿师范学校、课程设置、学前教育专业、培养等关键词。

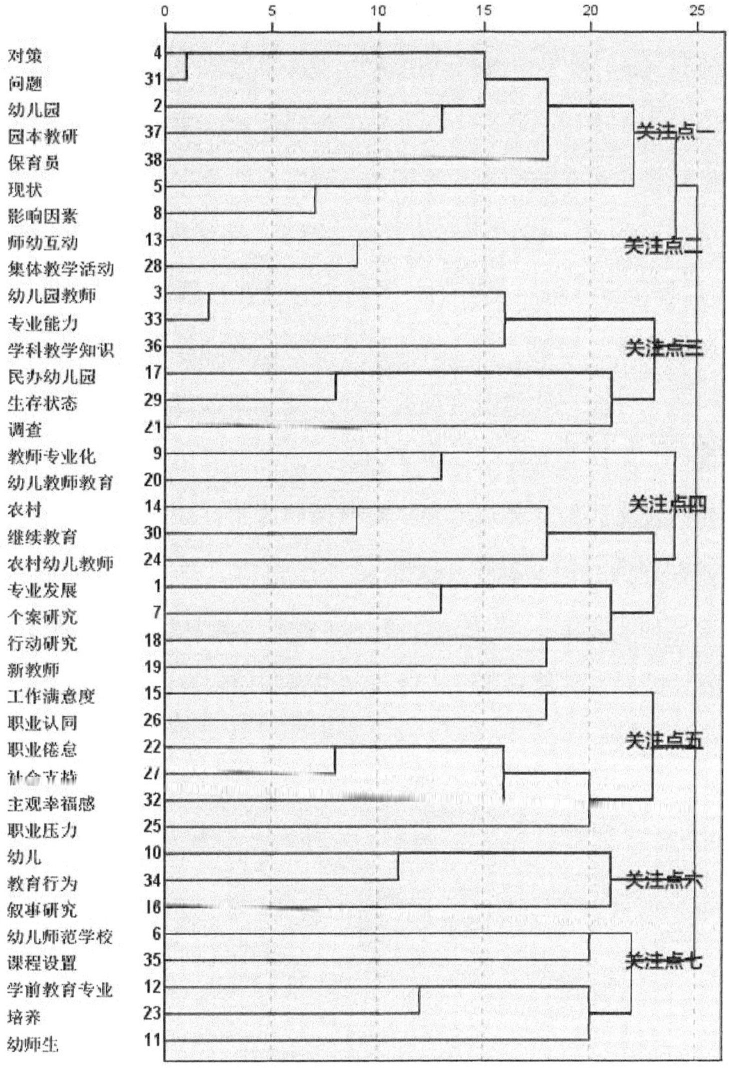

图1-3 聚类分析树状图

为反映主题之间的整体特征，本书借用社会网络分析软件ucinet6.0来实现，将bicomb生成的共现矩阵导入ucinet6.0，利用Netdraw可视化工具方便直观地分析一个社会网络的网络密度、中心度、凝聚子群等。如图1-4所示，图中38个高频关键词用圆点标记，圆点之间的箭头直线代表两点之间存在共现关系。

圆点越大，其点度中心度就越大。图1-4中“专业发展”“幼儿园教师”“幼儿园”“对策”“现状”“影响因素”“教师专业化”等一些点较大，周围网络联系丰富，处于中心位置，主要集中在幼儿教师专业化发展和幼儿教师现状等调查的研究这两个主题；而另外一些处于网络边缘的点，例如“集体教学活动”“教育行为”“学科教学知识”“课程设置”等，拥有的关系稀疏，处在社群图的最外围，主要集中在幼儿教师知识、幼儿教师教育行为以及幼教师资培养中的课程设置问题等方面。社群图直观地反映出幼儿教师专业化发展是现今研究的重点，而幼儿教师学科教学知识和幼教师资培养中课程设置问题是研究比较薄弱的环节。另外，需要说明的是，幼儿教师教育行为主题虽排在外围，但文献中相关论文共有44篇，并非边缘，只因在抽取关键词时不能将一些关键词统一（例如“教育行为”“教学行为”“言语行为”），致使其落在边缘，这也是利用软件的弊端。

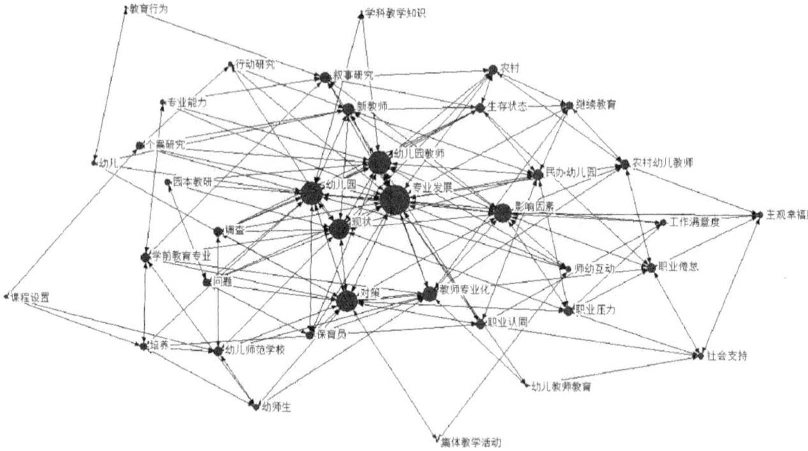

图1-4　Netdraw软件绘制的社群图

（四）讨论

通过对我国幼儿教师博硕学位论文研究成果进行计量分析后发

现，2003—2012年我国学前教育界博硕研究生对幼儿教师的研究重视程度逐步提升，产出成果亦逐年丰富，但仍存在一些需改善的问题。主要表现在：

1.研究存在不均衡现象

首先，从研究涉及群体来看，涉及普通幼儿教师群体多，涉及特殊幼儿教师及民族幼儿教师群体少。在幼儿教师群体类别中关于普通幼儿教师的论文达403篇，占研究的一半以上。一些研究群体有所突破，例如，关于农村幼儿教师的论文数量达31篇，其中2012年有13篇，比2003—2009年的相关论文总和还要多，这与我国2010年发布的《国务院关于当前发展学前教育的若干意见》对农村学前教育的关注有直接关系。关于男性幼儿教师和新教师的文章也均达到14篇，而关于民族幼儿教师及民族地区幼儿教师的博硕学位论文仅11篇，关于特殊教育幼儿教师的论文仅有3篇，其中2篇是幼儿教师对特殊教育融合态度的调查，真正对特殊教育幼儿教师进行研究的仅有重庆师范大学徐波的《特殊教育幼儿教师教学反思的个案研究》，其以某师范大学特殊儿童实验学校的老师作为个案，分析教学反思的多个方面①。这与两类群体的数量极不相符。但可以看出已经有研究者开始关注特殊幼儿教师群体，这是我国实现残疾儿童学前康复教育目标的良好开端。综上所述，特殊幼儿教师、民族幼儿教师应是我们未来幼儿教师领域要多加关注的群体。

其次，从研究主题来看，涉及幼儿教师现状的研究多，涉及幼儿教师教育政策法规的研究少。各主题研究数量分别为：现状描述126篇，幼儿教师专业化发展79篇，教师观念和行为67篇。关于观念的文章关键词很难提出来，但是关于教师教育观念的论文数量却不少，主要在课程实施等中体现。幼教师资培养和培训的文章近几年也有所

① 徐波.特殊教育幼儿教师教学反思的个案研究[D].重庆:重庆师范大学,2009:49-50.

增长，但关于幼儿教师管理及政策的研究还很少。关于幼儿教师政策法规的相关研究仅有5篇，涉及幼儿教师地位、职业承诺、权益保障、资格准入等方面。研究的薄弱必然不利于幼儿教师政策导向意义的实现。

2.研究水平较低

在关键词聚类及论文阅读时发现，关于幼儿教师现状、存在问题的论文较多，在682篇博硕学位论文中关于幼儿教师现状调查的就有126篇，占18.5%，这在聚类分析树状图中聚成了单独一类。这些论文多处在模仿、借鉴一些看似高深的理论来调查比较浅显问题的阶段，大多研究简单不够深入，缺乏针对性，实践价值不大。基于深厚恰当的系统理论思想支持的论文以及关于研究反思的论文屈指可数，这也从侧面反映了我国幼儿教师领域研究缺乏有高度的思维范式，研究理论层次比较低。

3.研究方法亟待优化

纵观2003—2012年幼儿教师领域研究方法的运用已有很大进步，研究方法从运用单一的方法解决问题发展到运用综合的方法描述或解释复杂现象，注重多种方法的综合运用。依前述，以幼儿教师作为选题的博硕学位论文中运用混合方法的占近一半，质性方法运用节节攀升，行动研究、叙事研究等高频关键词的出现无疑是最有力的证明，量化研究和思辨研究的地位也不可小觑。但是，我们在阅读论文时不难发现，在研究方法的运用上还存在诸多问题。首先，研究方法陈旧，这个老生常谈的问题在我们以幼儿教师为主题的博硕学位论文中尤为凸显，2003—2012年这10年相关领域研究方法没有大的扩充，其他学科现代先进的研究方法的引入相对匮乏。其次，真正的量化研究方法较少，并存在运用错误问题。尽管基于伦理考虑，幼儿教师的性质研究较多，但合理的量化研究更有助于探究到教育规律。统计发现，尽管部分论文有量化，但并非属于真正的量化研究，更多的只是做了一些百分比的统计，并且操作时有失误。例如部分博硕学位论文出现了问卷调查没有信效度检验、调查过程不明确、数据分析浅显等基本技术性错误。最后，还存在混合方法运用比较初级、混合模式较单一等问题。

通过上述研究发现，2003—2012年以幼儿教师作为研究选题的博硕学位论文涉及诸多研究主题，研究者也就相关研究重难点作了阐述。但分析发现，教师选题研究的不平衡、扎实的理论和实践基础的缺乏等问题依然存在。因此在今后的研究中，要加强研究者的理论修养及实践能力，防止研究趋向于理论层次不高又无真正实践基底的境况，以完善幼儿教师领域的研究。

（五）结语与展望

1.关注更多幼师群体

幼儿教师群体较多，涉及保育教师、普通幼儿教师、特殊教育教师、民族幼儿教师，在以往的研究中普通幼儿教师占半壁江山。在研究群体上，关注民族幼儿教师、特殊教育幼儿教师的研究较少。因此应拓宽选题范围，丰富研究群体，尽量对各类幼儿教师都加以关注。

2.平衡研究主题

现有的研究主题主要集中在幼儿教师现状调查、专业发展等方面。关于幼儿教师教育政策解读、制定等方面较深较难的研究主题，研究者往往避之，而这些研究主题对幼儿教师群体的发展有着至关重要的作用，因此，期望今后研究者跳出原有研究的固定模式，丰富研究主题，平衡幼儿教师政策、师资培养、教师教学、教师心理等主题间的关系。

3.提升理论研究水平

理论研究是根基研究，只有提升研究的理论层次和水平，才能更好地为幼儿教师队伍建设服务。纵观关于幼儿教师的研究，缺乏对翔实理论支架的了解无疑是诸多文章流于表面的重要原因，因此在今后的研究中我们必须在提升理论能力上下功夫。首先，注重多元、多学科视角的理论思维模式训练；其次，加强理论实践协同化学习。

4.优化研究方法

通过上述研究的统计我们发现，以幼儿教师为主题的研究在研究方法方面存在陈旧甚至是错误等诸多问题。我们如何来解决这些问题？唯有积极地学习和借鉴，在以后的研究中正确使用混合研究方法，并借鉴其他学科优秀的研究方法。

二、幼儿园教师专业标准阐析

（一）《幼儿园教师专业标准（试行）》颁布背景

2012年中华人民共和国教育部印发了《幼儿园教师专业标准（试行）》，这标志着我国幼儿园教师向专业化迈上一个新台阶，对于促进我国学前教育事业的蓬勃发展有重要意义和价值。《幼儿园教师专业标准（试行）》（以下简称《专业标准》）是国家对合格幼儿园教师专业素质的基本要求，是幼儿园教师实施教育教学行为的基本规范，是引领幼儿园教师专业发展的基本准则，也是幼儿园教师培养、准入、培训、考核等工作的重要依据。《专业标准》的印发不仅是教育改革和走出教育困境的需要，更是众多学前教育者自身发展的原动力和标杆。

1.我国学前教育事业发展的现实需要

学前教育作为一门重要学科，始终以顽强的毅力为国家的教育事业发展奠基献力，这离不开我国一代又一代领导人的努力。面对学前教育“入园难，入园贵”，普及率低于世界发展中国家，一些农村留守儿童接受不到优质的学前教育，幼教师资短缺等众多现实薄弱问题，2010年我国印发了《国务院关于当前发展学前教育的若干意见》（以下简称《若干意见》），各省（区、市）“学前教育三年行动计划”项目纷纷启动，形成整个学前教育波澜壮阔之势，这体现了国家“强国必须强教”的卓越政治远见。2012年《专业标准》《3—6岁儿童学习与发展指南》等的印发，形成了我国学前教育集普惠性、公平性、标准化、科学性于一体的学前教育态势。这些政策地实施离不开学前教育教师全体，因此，建设一批高水平、高素质的学前教育教师队伍是稳步提升学前教育的重要保障。《专业标准》是保障学前教师质量的引领性文件，是提升我国整个学前教育师资水平的重要保障。

2.国际幼儿教师专业发展趋势

世界各国幼儿教师专业标准运动在很大程度上推动了我国学前教师专业标准的制定和出台实施。我们知道，世界各教育大国一直以来都在积极致力于幼儿教师专业工作，美、英、日等国均早于我国制定了本国特色的幼儿教师专业标准，这些专业标准的出台是提升本国幼儿教师水平的重要参考。1966年联合国教科文组织发布《关于教师地位的建议》，提出了教师职业的专业化议题，以此来提升教师的地位和保障教师权益的实现，轰轰烈烈的“教师专业成长”运动全面铺开。其中教师专业标准制定是教师专业化水平的重要一环，诸多国家将其作为教师专业化的指标。例如美国于20世纪80年代末90年代初制定了《美国幼儿教师职业准备专业标准》《新教师许可、评估与发展的模型标准》和《优秀幼儿教师专业标准》等一系列教师专业标准文件，澳大利亚发布的初任教师能力框架、《全国教师专业标准》，以及各州比较细致且有针对性的专业标准的出台，都从诸多方面提出了教师专业化的标准及评价体系，这在很大程度上推动了我国教师专业标准的出台。国际教师专业化的变革从客观上推动了我国教师专业标准的出台，我国的教师专业化水平应与国际接轨，紧跟国际发展的脚步，制定符合本国特点的教师专业标准。这也是我国作为教育大国，为推动世界教师专业化贡献的重要力量。

3.落实各项学前教育政策的紧迫任务

师资是学前教育健康、可持续发展的重要因素。若没有素质过硬、队伍稳定的幼儿教师群体，提高学前教育质量的目标就无法实现，高学历、高素质幼教师资的培养是摆在我们面前的重要课题。近年来，我国政府十分关注幼儿教师这一职业群体，学前教师队伍不断扩大。《国家中长期教育改革和发展规划纲要（2010—2020年）》指出，我们要严格执行幼儿教师资格标准，切实加强幼儿教师培养培训，提高幼儿教师队伍整体素质，依法落实幼儿教师待遇。《若干意见》要求加快建设一支师德高尚、热爱儿童、业务精良、结构合理的幼儿教师队伍，要求各地按照需要合理配备幼儿教师。这是近些年我国关于幼儿教师队伍建设的又一重要决策。诸多政策的出台在很大程度上体现了我国对于幼儿教师队伍建设的决心，更是对幼儿教师价值的肯定。此前，我国幼儿教师在很长一段时间内不被重视，由于社会地位、工资待遇难以和幼儿教师工作量成正比，因此学前教育领域在较长一段时间内无法吸引高素质的教师。《若干意见》的印发从制度层面上制定教师专业标准，是对幼儿教师专业化的肯定，对严格实施教师准入制度、提高幼儿教师专业素养有着极大的促进作用。

总而言之，无论是从幼儿教师专业化发展，还是从整个学前教育质量的提升上来说，幼儿教师专业标准都具有指引性和标杆性的作用。《专业标准》的出台不仅是我国幼教师资培养的重要依据，更是从业一线教师应努力遵循的纲领性文件。《专业标准》先后经历了10余次的修订，是我国幼儿教师发展的专业准绳。

（二）《幼儿园教师专业标准（试行）》的内容理念

《专业标准》的基本理念主要包含“师德为先”“幼儿为本”“能力为重”“终身学习”四个部分，其中涉及的专业理念一直是我们遵循和倡导的。专业理念指专业人员对自身专业的性质、标准、价值等的理解、判断、期待与认同，专业理念指引着专业人员的思考方式和行为举止。幼儿园教师的专业理念指幼儿园教师“在对教育工作本质理解基础上形成的关于教育的观念和理性信念”①。《专业标准》首次将师德放在首要位置。同时提倡以幼儿为出发点，幼儿是自理能力和自卫能力相对较弱的个体，幼儿园教师对幼儿的关爱应是一种带有特殊教育意蕴的“母亲之爱”，幼儿园的所有工作均应以幼儿为出发点。强调幼儿园教师应树立能力提升及终身学习的理念。

为促使幼儿园教师专业发展，建设高素质幼儿园教师队伍，根据《中华人民共和国教师法》，我国制定了《幼儿园教师专业标准（试行）》。从古至今，对幼儿园教师的理解一直在发生着变化，但一个亘古不变的共同点就是幼儿园教师承担着保教幼儿的责任，是幼儿人生成长的导师，担负着对幼儿身心发展、思维培养等方面引导的重要职责，幼儿园教师是履行幼儿园教育工作职责的专业人员，必须经过严格的专业培养与培训，系统掌握与学前教育专业相关的专业知识和技能，同时应具有良好的职业道德。这些看似简单却很复杂，很多专业人士认为，从事与幼儿打交道的幼儿园教师行业需要有一定的天赋。在时代背景下，隔代教育、留守儿童、保姆代育等现象的存在，

① 叶澜.新世纪教师专业素养培养初探[J].教育研究与实验,1998(1):43.

使担负着培养幼儿这一特殊工作的幼儿园教师工作复杂化，他们不能没有正确价值理念的指引。《专业标准》是国家对合格幼儿园教师专业素质的基本要求，是幼儿园教师开展保教活动的基本规范，是引领幼儿园教师专业发展的基本准则，是幼儿园教师培养、准入、培训、考核等工作的重要依据，是幼儿园教师专业发展的重要标志和关键维度。

1.幼儿为本

（1）对“幼儿为本”的释义

“幼儿为本”是“以人为本”的科学发展观在幼儿教育上的直接体现，是幼儿园教师应秉持的核心理念。作为幼儿园教师，应尊重幼儿的个体差异，理解幼儿的心理需求，保障幼儿的合法权益，倾听幼儿的独特想法，以幼儿为出发点，科学合理地设置幼儿园课程，有针对性地进行教育，以“幼儿为本”作为开展一切活动的基础，这乃是“幼儿为本”的真谛。

以“幼儿为本”涉及多个方面，也需要多种条件的保障。真正的“幼儿为本”并非毫无条件地宠爱奉献，将幼儿作为唯一。众多实践已经证明，脱离了成人良好正确的引导和教育，幼儿的全面发展难以实现。近些年，我们往往走入一个误区，“幼儿为本”导致了众多泛滥的溺爱，使一些幼儿在人生的早期实现不了自我人格的独立，最终发展为自私自利的成人。真正的“幼儿为本”是在主要教养者与幼儿的互动关系中产生的，教养者良好的亲和力、宽容肯定的教养态度、积极乐观的精神、良好的环境质量是实现“幼儿为本”的根本前提。中国有句“龙生龙、凤生凤，老鼠儿子会打洞”的俗语，是遗传决定论的典型代表。但我们也应从中看到很多成人对幼儿发展的深远影响，这种影响并非生物学上的遗传，而是指教养方式。我们是否将幼儿作为一个独立的个体，是否将幼儿看成是有能力有想法的个体，是否尊重幼儿是独立的个人，是否将其作为独立的个人来与我们互动交流，这应该是是否以“幼儿为本”的重要体现。娇惯纵容并不能与“幼儿为本”画等号。

（2）关于“幼儿为本”的教育行为准则

“幼儿为本”理念在《专业标准》中的表述是：“尊重幼儿权益，以幼儿为主体，充分调动和发挥幼儿的主动性；遵循幼儿身心发展特点和保教活动规律，提供适合的教育，保障幼儿快乐健康成长。”《专业标准》中具体规定了在学前教育实践中幼儿园教师应遵循的规则，也确保了幼儿在活动中的地位是主体，应该被尊重，这改变了许多教师以往“管教，约束”幼儿的观念。

①尊重幼儿，以其为本，视其为“人”。

“幼儿为本”首先要做到的是尊重幼儿的权利。《幼儿园教育指导纲要（试行）》指出，“幼儿园教育应尊重幼儿的人格和权利，尊重幼儿身心发展的规律和学习特点”。幼儿园的活动要符合幼儿兴趣和发展水平，要让幼儿有“说话”的权利，遇到不喜欢的活动时有说“不”的权利。如果一味按照教师的喜好安排活动，即使取得了良好的活动效果，那幼儿又能得到什么呢？芭学园有一句著名的话：“孩子是脚，教育是鞋。”这是李跃儿经过多年的教学实践总结出来的，这充分说明应该是教育适应孩子，而不应该是孩子适应教育。幼儿园活动的设计，应该考虑的是幼儿的兴趣，而不只是美观和所谓活动效果。

②尊重幼儿的独特性和价值。

幼儿具有较强的想象能力和创造能力，幼儿以游戏的方式来感知外部世界，并在游戏的同时在头脑中形成自己关于周围世界的认知。但是幼儿与成人相比，在抵御外界侵害方面明显能力不足，需要家长、教师及社会的关注和呵护。幼儿园教师应为幼儿提供一个可以任由幼儿的思维和想象能力发展的环境，捕捉幼儿发展的关键期，为幼儿适时地提供适当的环境，做一个真正了解幼儿的教师。

③促进幼儿和谐、全面地发展。

我国教育的根本目的就是使受教育者全面发展，全面发展包括德育、智育、体育、美育、劳育等方面的发展。“幼儿为本”的思想引导着我们的教育朝着使每一个幼儿都能得到全面和谐发展的方向前进，在幼儿发展最关键的时期，引导幼儿朝着多个方面发展努力。幼儿园教师应该相信，每一个幼儿都有巨大的潜力，也有全面发展的能力和愿望。当然，全面发展并不是盲目地为孩子报各种兴趣班，最后导致孩子没有兴趣，起到事倍功半的效果。遵循幼儿身心发展规律，发现幼儿兴趣爱好，不强行灌输，不拔苗助长，而是在幼儿成长的道路上适时施一点肥、浇一些水。

2.师德为先

习近平总书记在多次重要讲话中提出，“教师是立教之本、兴教之源”“合格的老师首先应该是道德上的合格者，好老师首先应该是以德施教、以德立身的楷模”。所谓师德，即教师的职业道德，是教师在教育教学工作中必须遵循的各种行为准则和道德规范的总和。师德是社会主义核心价值体系在教育活动中的具体体现，社会主义核心价值体系对师德具有引领和指导作用。幼儿园教师的师德问题一直是大家关注的焦点问题，师德也是我国制定幼儿园教师专业标准和筛选幼儿教师的重要考量标准。《专业标准》明确指出“热爱学前教育事业，具有职业理想，践行社会主义核心价值体系，履行教师职业道德规范，依法执教。关爱幼儿，尊重幼儿人格，富有爱心、责任心、耐心和细心；为人师表，教书育人，自尊自律，做幼儿健康成长的启蒙者和引路人”。

我们一直强调，师德是幼儿园教师从事工作的前提，没有了师德作为底线，幼儿园教师专业素质的提升则荡然无存。因此，作为幼儿园教师，应努力践行社会主义核心价值体系，热爱幼儿，有爱心，同时务必自尊自立，有自我德行约束的思想，不仅要从人的基本需求层面去满足自我，还应具有较高的道德追求，有提升自我道德的信心，做有德行的新时代幼儿园教师。这也是《专业标准》对每一位幼儿园教师提出的要求。

3.能力为重

国际教育改革的步伐从没有停歇，人类教育始终追寻着到底应该教会学生什么或是使学生成为什么样的人。那教师到底应该具备什么能力呢？在不同价值取向衍生多元教育理念背景下，我们对教师能力的探讨一直在继续着。

"能力为重"在《专业标准》中占有很重要的地位，那么"能力为重"是基于什么样的背景下提出的呢？一方面，1996年提出的教育的四大支柱中有一项是"学会做事"，"学会做事"越来越被国际重视，这也成为各个国家选拔教师的重要指标之一，身处教师队伍的人们也越来越重视培养自己的能力，以适应瞬息万变的世界；另一方面是我国幼儿园教师的能力有所欠缺，提出"能力为重"，让各个教师增强努力提高自己能力的意识迫在眉睫。《幼儿园教育指导纲要（试行）》让很多拥有多年教学实践经验的一线幼儿园教师的观念发生转变，这一转变也推动了我国幼儿园课程改革。以往"孩子围着老师转"的时代已经一去不复返了，转变成为"老师围着孩子转"，切实了解幼儿真正需要的是什么样的教育，从幼儿的角度出发考虑问题，从幼儿的角度出发设置活动。然而，什么才是幼儿园教师应该具备的能力呢？每个幼儿园对"能力"的看法各不相同。有的幼儿园把讲好课、能在活动中有效地"控制"住幼儿视为一种能力；有的幼儿园把弹琴、跳舞等视为一种能力；也有的幼儿园把拥有先进的教育理念，有一颗热爱幼儿的心视为一种能力……可想而知，深化幼儿教育改革的重点就是提高幼儿园教师的能力。《专业标准》中提出的“能力为重”是具有重要意义的，提高幼儿园教师能力任重而道远，需要学前教育工作者共同努力。

4.终身学习

“终身学习”也是《专业标准》中极为重要的理念之一，幼儿园教师应该永远保持着好学之心，不仅要提高自身的知识水平和专业素质，更应该保持国际眼光，把握国内外关于学前教育的先进理念，不断更新自己的观念，以先进的理念和科学的方法进行幼儿教学实践。教师是一个需要不断学习、保持新鲜理念的职业，“终身学习”理念也适应了国际教师教育发展的大趋势。

终身学习从20世纪80年代以来被很多国家作为教育改革和发展的基本原则，也有越来越多的人有了“终身学习”理念，并且能够把“终身学习”理念付诸实践。它不仅作为一种潮流存在，更作为一种理念深深地植入教育者的灵魂。《国家中长期教育改革和发展规划纲要（2010—2020年）》指出，到2020年基本形成学习型社会。我们生活的世界日新月异，作为教育者应该保持热爱之心、乐学之心，向受教育者传递的不应该只是知识，还应该有这种“终身学习”的精神。2011年我国颁布的《教师教育课程标准（试行）》以“终身学习”为理念，指出“教师是终身学习者”。这是由教师的职业特点决定的，特别是对于幼儿园教师来说，我们生活的世界每天都在发生变化，幼儿接触的新鲜事物也越来越多，智能手机、平板、电话手表……所以幼儿园教师更要时刻把握时代前进的方向，紧跟教育发展的步伐，树立终身学习理念和正确的儿童观，努力提高自身专业水平和道德素质，成为一名无愧于时代的优秀幼儿园教师。

三、学前教育专业师范生教师职业能力标准

（一）师德践行能力

1.遵守师德规范

（1）理想信念

作为幼儿园教师，要学习贯彻习近平新时代中国特色社会主义思想，学习党史、新中国史、改革开放史、社会主义发展史，形成对中国特色社会主义的思想认同、政治认同、理论认同和情感认同，能够在教书育人实践中自觉践行社会主义核心价值观。从事幼儿园教师职业，应该树立职业理想，立志成为有理想信念、有道德情操、有扎实学识、有仁爱之心的好老师，有坚定地成为一名合格的幼儿园教师、优秀的幼儿园教师、卓越的幼儿园教师的职业理想信念，并为自己的理想信念努力奋斗，将学前教育事业作为自己终身努力的目标，渗透教育情感，树立教书育人典范，成为家长心目中、幼儿眼中最优秀的教师。

（2）立德树人

党的二十大明确指出，“全面贯彻党的教育方针，落实立德树人根本任务，培养德智体美劳全面发展的社会主义建设者和接班人”。幼儿阶段是人生的启蒙时期，这一时期是塑造良好品格的最佳时期。众多研究表明，一个人成为什么样的人，主要在于他早期生活在什么样的环境中，接受了什么样的教育。幼儿园教师肩负着重要的早期教育责任，为谁培养人、培养什么样的人、怎么培养人是摆在教师面前的重要课题。3—6岁儿童具有独特的年龄特点，引领这一年龄阶段的儿童，提升他们在语言、社会科学、艺术等领域的能力非常重要。幼

儿园教师应具备多项能力，在众多能力中，拥有良好的品德是立身之本。作为幼儿园教师要以身作则，为人师表，为幼儿做示范，立德才能树人。在众多的教育资源中，教师自身对幼儿来说就是活的教育资源，幼儿园教师的言行直接是幼儿的模仿对象，若想幼儿成为拥有良好行为习惯和品德的人，教师首先要以身作则。作为幼儿园教师，要理解立德树人的内涵，形成立德树人的理念，掌握立德树人的途径与方法，能够在教育实践中实施素质教育，依据德智体美劳全面发展的教育方针开展教育教学。

（3）师德准则

具有依法执教意识，遵守《中华人民共和国宪法》《中华人民共和国民法典》《中华人民共和国教育法》《中华人民共和国教师法》《中华人民共和国未成年人保护法》等法律法规，在教育实践中能履行应尽义务，自觉维护幼儿与自身的合法权益。理解教师职业道德规范内涵与要求，在教育实践中遵守《新时代幼儿园教师职业行为十项准则》，能分析解决教育教学实践中的相关道德规范问题。

2.涵养教育情怀

（1）职业认同

幼儿园教师职业认同是指幼儿园教师对自己所从事的幼教事业主观上愿意接纳，乐于服务于幼教事业的一种比较稳定的情感。幼儿教育的发展需要一批有良好职业认同的教师。以往人们普遍认为，只要有过教养孩子经验的人，都可以做幼儿园的教师，认为幼儿园教师的专业性不够强，从而影响了幼儿园教师的职业认同。如果刚入职的幼儿园教师有良好的职业认同，他们将个人的全部努力付诸自己所承担的教师角色中，那么他们在工作当中就有成就感和满足感。相反，当幼儿园教师的职业认同相对较低时，部分教师就会出现职业认同角色偏差，从而影响他们的教学行为。相关的政策制度规定，幼儿园教师要具有家国情怀，乐于从教，热爱教育事业。认同教师工作的价值在于传播知识、传播思想、传播真理，塑造灵魂、塑造生命、塑造新人；了解幼儿园教师的职业特征，理解幼儿园教师是幼儿学习与发展的支持者、合作者、引导者，创造条件激发幼儿的好奇心、求知欲，积极引领幼儿的行为，帮助幼儿自主发展。幼儿园教师能够领会学前教育对幼儿发展的价值和意义，认同促进幼儿全面而有个性发展的理念。

（2）关爱幼儿

关爱是人类共有的一种高级情感，它伴随我们社会发展而衍生出来。教师给予幼儿更多的关爱，有利于幼儿形成良好的品格。幼儿年龄比较小，在幼儿园更需要幼儿园教师给予更多的爱，教师要为他们创造爱的环境，寻求良好的爱的教育契机，将关爱融入教学活动当中，让幼儿在充满爱的环境中成长。幼儿园教师要做幼儿健康成长的启蒙者和引路人，公正平等地对待每一名幼儿，关注幼儿成长，保护幼儿安全，促进幼儿身心健康发展。尊重幼儿的人格和权利，引导幼儿游戏的自主性、独立性和选择性，关注个体差异，相信每个幼儿都有发展的潜力，乐于为幼儿创造发展的条件和机会。

（3）用心从教

幼儿园的教育是琐碎的，作为幼儿园教师，要用心来爱幼儿。首先要以幼儿的视角来看待问题和处理问题，细心观察每一个幼儿在日常生活当中的行为，发现幼儿的每一个闪光点，用积极恰当的方式鼓励幼儿。其次要树立爱岗敬业精神，在教育实践中认真履行工作职责，积极钻研，富有爱心、责任心，工作细心、耐心。

（4）自身修养

好的修养是幼儿园教师做好幼儿园教育工作的前提。如何拥有好的修养，就是要不断充实自己、完善自己，使自己具有健全的人格和积极向上的专业精神。首先，能做到自我情绪的良好调节和控制，在教学活动过程中遇到突发事件能够积极应对，采用恰当的方式解决相应问题。其次，作为幼儿园教师，要掌握一定的自然和人文社会科学知识。在学前教育专家虞永平教授的一次讲座中，他告诉大家，做幼儿园教师要具备广博的知识，所有领域幼儿园教师都应涉猎。再次，幼儿教育还具有文化传承的责任，作为幼儿园教师要具有人文底蕴、科学精神和审美能力，传承中华优秀传统文化。最后，作为幼儿学习的重要对象，幼儿园教师要仪表整洁，语言规范健康，举止文明礼貌，符合教师礼仪要求和教育教学场景要求。

（二）保育和教育实践能力

1.掌握专业知识与技能

（1）保育教育基础

伴随我国学前教育事业的发展，我们逐渐从“幼有所育”迈向“幼有优育”，幼儿园教师保教结合的水平也逐年提升，做好保育教育是合格幼儿园教师的基础能力。首先，幼儿园教师要掌握做好幼儿日常生活教育的方法技巧，了解幼儿日常卫生保健、传染病预防和意外伤害事故处理的相关知识，在幼儿面临突发事件时能够及时相对准确地保护幼儿。其次，幼儿园教师要掌握学龄前儿童身心发展的基本特点和规律，能够根据幼儿表现评估和分析幼儿的行为。再次，对幼儿园教学活动的目标、内容、方法、原则比较了解。最后，对于班级中出现的特殊儿童要能够理解，并且采取恰当的方式使其更好地融入班级，能够分析特殊幼儿的需要，制订合理的计划，运用理论知识促进特殊幼儿与班级其他幼儿的融合，实现教育公平、教育平等。

（2）领域素养

幼儿教育不仅具有启蒙性，更具有全面性。幼儿园教师与其他阶段的教师有所不同，他并非某一个学科的教师，而是肩负着学龄前儿童语言、社会、健康、科学、艺术等多个领域的教学。因此，一名合格的幼儿园教师必须具备多学科的文化知识，知识面要广。幼儿的认知水平较低，无时无刻不在向成人提出问题，只有具备多学科的知识，才能够在恰当的时机回应幼儿的提问。同时，一名合格的幼儿园教师也必须具备各领域教学的方法，明确各个领域之间有着怎样的内在联系，在教学实践过程当中，实现各领域内容间的融合渗透，促进幼儿的全面发展。

（3）信息素养

信息化时代改变了人们的生活方式，对基础教育的影响也很深远。作为一名幼儿园教师，要掌握信息技术的基本理论知识，能利用现代化信息技术获取教育资源，并且将教育资源科学转化成新的教学资源。幼儿是以具体形象思维为主要特征的，喜欢活动的、新颖的、具体的信息。作为幼儿园教师，要能够根据教学活动的目标，有效地将教学活动内容与现代信息技术相结合，利用好现代信息技术的媒体作用，创设适宜的教学环境，改进教学方法，促进幼儿的全面发展。在利用现代信息技术时，教师要能够辨识信息技术中安全、有益的因素，避免对幼儿造成不良影响。

2.开展环境创设

环境具有隐性教育功能，幼儿园教育环境的隐性教育功能比较明显。作为幼儿园教师，我们要能够创设安全舒适、丰富恰当的环境，利用幼儿园的墙面、教室内部、盥洗室、走廊等区域，结合新的教育理念，创设师幼互动的环境，提供和筛选适宜、有价值的物质材料作为环境创设的基础。引导和启发幼儿参与环境创设，鼓励幼儿与环境相互作用，用科学的方法让幼儿园的物质环境对幼儿起到促进作用。还要能够根据幼儿的需要，适当地调整物质环境的创设内容。除物质环境创设以外，心理环境的创设对幼儿来说也极其重要。幼儿园教师要具有积极乐观的情绪、饱满的态度、正向的言行，在教学活动、班级组织过程中能够与幼儿形成一种和谐友好的师生关系，营造良好的班级氛围，让幼儿在班级当中感受到安全、舒适、美好、放松。

3.组织一日生活

《专业标准》对教师专业能力进行了阐述，以幼儿园教师一日生活的组织作为出发点，认为一名合格幼儿园教师要能够合理安排与组织幼儿在园生活的每个环节，在日常生活组织过程中渗透教育，能够积极与保育教师配合，做好幼儿园班级日常生活的管理工作，设计幼儿园一日生活方案，明确各活动环节应注意的事项，丰富每个活动环节的教育要素。通过一日生活的组织，让幼儿在生活当中接受教育，这也真正体现了陶行知的生活即教育的理念。

4.开展游戏活动

首先，满足幼儿的游戏需要。教育家均倡导通过游戏的方式使幼儿得到成长，游戏是幼儿的基本活动，幼儿在游戏中学习并获得成长。幼儿游戏有不同的类型，例如角色游戏、结构游戏等，不同游戏又有着不同的功能，运动游戏可以提升幼儿的身体素质，释放幼儿的情绪，促进幼儿情绪的发展。结构游戏可以锻炼幼儿的手指灵活度，加强幼儿之间的合作，提升幼儿的空间立体感。幼儿园教师要能根据各年龄阶段幼儿的不同特征，满足幼儿游戏的需求。其次，创设游戏环境。一名合格的幼儿园教师要能够合理、有效地规划和利用户内外游戏活动空间，能够根据幼儿的发展和需要创设相应的活动区域，提供丰富、适宜的游戏材料，从而引发和促进幼儿游戏。再次，支持幼儿游戏。这一点很重要，若是我们仅仅给了幼儿游戏的空间，提供了幼儿游戏的材料，但是不能够给幼儿提供充足的游戏时间，那游戏的教育功能也很难发挥。在日常生活中，我们要鼓励幼儿自主选择游戏内容、游戏伙伴和材料，支持幼儿主动地、创造性地开展游戏，充分体验游戏的快乐。游戏教学的反思和改进尤为重要，观察和分析幼儿的游戏行为，从而为以后游戏活动的设计与组织提供依据，也是幼儿园教师必须具备的能力。

5.实施教育活动

幼儿园教师教育活动实施能力主要包括设计、组织和评价三个方面。①设计教育活动方案。幼儿园教师能够根据《幼儿园教育指导纲要（试行）》《3—6岁儿童学习与发展指南》的要求，以及幼儿的兴趣需要和年龄特点，选择教育内容，确定活动目标，设计教育活动方案。②组织教育活动。学会运用各种适宜的方式实施教育活动，鼓励幼儿在活动中主动探索、交流合作、积极表达。能够有效观察幼儿在活动中的表现，并根据幼儿的需要给予适宜的指导。③实施教育评价。了解幼儿园教育评价的目的与方法，运用观察、谈话、家园联系、作品分析等多种方法，了解和评价幼儿。能够基于幼儿身心特点，利用技术工具分析幼儿学习过程、收集幼儿学习反馈。能够运用评价结果，分析、改进教育活动，促进幼儿发展。

（三）综合育人能力

1.德育意识

社会发展给学前教育带来了前所未有的挑战，社会对人才的需求以及家长的教育焦虑，使得众多家长包括学前教育机构将幼儿智力的开发作为教育的核心，弱化了对幼儿品德的教育。树人先树德，以幼儿为本，德育要先行，作为幼儿园教师要有德育为先理念，充分了解幼儿性格、社会性、情感等的发展规律，掌握幼儿的个体差异，因材施教。教书重在育人，育善良之人，育有正确思想之人，育谦和之人，育为他人奉献之人。作为幼儿的启蒙教师，要能够在幼儿日常教学活动中，有机融入社会主义核心价值观、中华优秀传统文化、革命文化和社会主义先进文化教育，为培养幼儿正确的价值观、良好的品格和关键能力奠定基础。

2. 育人实践

教学技能是幼儿园教师必须具备的品质。学前教育是理论与实践相结合的领域，其实践技能更具有意义和价值，育人技能技巧的掌握更重要，幼儿园教师要能结合幼儿身心发展特点，结合教学活动目标、活动主题以及活动内容，在幼儿的一日生活中开展随机教育，培养幼儿的良好生活习惯和积极的社会行为。

3. 班级管理

幼儿园的班级管理是指幼儿园教师能够有计划、有目的协调好各个要素，实现教学活动顺利开展，促进幼儿健全成长的过程。做好班级管理，首先要给幼儿营造一个温馨良好的班级氛围，在日常活动中统筹安排班级的活动，使各项活动井然有序地开展。心理学家强调，爱的需要对幼儿来说非常重要。在日常工作中，幼儿园教师要尊重幼儿，平等对待每一个孩子，以爱的理念去管理和组织班级活动。同时，作为幼儿园教师应该熟知幼儿园管理的政策文件，了解幼儿园班级管理的相关规定，掌握班级管理的技能、班级管理应该遵循的原则等，能够在幼儿园班级管理实践当中解决问题。

4. 心理健康

幼儿心理健康指的是幼儿情绪和社会化方面表现出一种良好的心理状态。例如充满自信，对未来充满希望，活泼愉悦，很容易适应周围的环境，同伴关系良好等。部分幼儿在成长过程中会出现心理健康问题，有些家长或幼儿园教师没有及时发现，会使这些问题继续发展，从而对幼儿成长产生影响。作为幼儿园教师，我们每日与幼儿接触的时间较久，能够时刻关注到幼儿的外在行为表现，同时也应及时了解幼儿的心理健康状况。幼儿园教师应明白幼儿自身的气质类型、情感发展、思维方式都有其独特性，同时要具备心理健康教育方面的知识，在日常教学中能及时发现幼儿出现的问题，并且采取有效的方式进行解决，多鼓励和欣赏幼儿，激发幼儿的积极性和增强其自信心。

5.家园协同

家庭、社会和幼儿园是完成学前教育的三大重要系统。家庭和幼儿园都是幼儿活动的重要场所，家庭和幼儿园合力可以使幼儿教育事半功倍。如今的幼儿教育逐渐从封闭走向开放，家长也较以前更加重视幼儿教育，双方都有合作的意愿和更大的可能。幼儿园为家庭幼儿教育提供服务的同时，家庭也能够与幼儿园一起促进幼儿的成长。作为家长，能够尊重幼儿教育的专业性，作为幼儿园，能够发挥自己的带动作用，通过有效的指导与家庭进行联合，家园本就不可分，幼儿教育也应该融入家庭生活中。若想做好幼儿教育，必须依靠家园协同发挥作用。在家园协同促进幼儿成长中，幼儿园教师要掌握良好的沟通技巧和方法，能够运用多种方式和途径，来实现与家长之间的互动交流，制订幼儿园与家庭甚至是社区之间协调活动的计划方案，定期开展协同活动。

（四）自主发展能力

1.注重专业成长

（1）发展规划

学前师范生在本科阶段就做过学业规划，毕业入职以后更要做好个人专业成长规划，要了解教师专业发展的要求，具有终身学习理念，具备自主发展的强烈意识。部分年轻人入职之后得过且过，而教师这个行业要求教师与时俱进、不断发展，否则一定会被淘汰。作为幼儿园教师更是如此，所以要提早做好专业成长规划。幼儿园教师要能够根据学前教育课程改革的动态和发展情况，制订教师职业生涯发展规划。

（2）反思改进

反思是所有能力提升的基础和手段，幼儿园教师具有反思意识，在反思中要运用批判性思维，初步掌握教育教学反思的基本方法和策略，能够对教育教学实践活动进行有效的自我诊断，提出改进思路。

（3）学会研究

幼儿园教师不仅要具有实践教学的能力，更要有初步的研究能力。要能够掌握教育研究的基本方法，用其来分析幼儿教育过程中的问题，并通过一定的实践研究找到解决问题的对策，再返回来提升自身实践能力。例如，行动研究、案例研究、观察研究等都是很好的方式。同时，掌握专业发展所需的信息技术手段和方法，比如一些交叉学科技术手段的使用、教育研究领域软件的使用。能在信息技术环境下自主学习，不断充电，使自己更有能力促进幼儿成长。

2.主动交流合作

（1）沟通技能

具有阅读理解能力、语言与文字表达能力、交流沟通能力、信息获取和处理能力。掌握沟通合作技能与方法，能够在教育实践、社会实践中与同事、同行、专家等进行有效沟通交流。

（2）共同学习

理解学习共同体的作用，掌握团队协作的基本策略，了解学前教育的团队协作类型和方法，具有小组互助、合作学习意识。

第四节　幼儿园教师教学能力相关研究成果梳理

一、国内研究动态

（一）幼儿园教师教学能力构成研究

我国关于幼儿教师教学能力构成的研究多数是在幼儿园教师的能力或素质当中论述的，研究者角度不同，观点不一。饶淑园、康建琴从不同角度对幼儿园教师的专业能力进行了初步的理论构建，对幼儿园教师的教学能力进行了详尽的阐述①②。从其阐述中能够很清晰地看出，他们更注重教师了解幼儿并进行教育的能力，语言表达的能力，教学设计、实施和评价的能力，组织管理能力等。范小玲认为幼儿园教师应具备一般教育技能和综合教育能力，一般教育技能通常指幼儿园教师必备的说、写、弹、唱、画、跳、做（编创、制作）等方面的基本技能，综合教育能力则是指教师在幼儿园一日保教活动中应具备的各种教育能力③。2012年，教育部印发的《专业标准》规定了教师专业能力，认为幼儿园教师的专业能力具体包括：环境创设与利用，一日生活的组织与保育，游戏活动的支持与引导，教育活动的计划与实施，激励与评价，沟通与合作，反思与发展。并详细描述了各专业能力的基本要求。谢梦怡和张新立在课程游戏化建设中指出幼儿园教师专业能力的结构包括观察分析能力、活动设计能力、情境创设能

① 饶淑园．幼儿教师职业能力结构的理论构想[J]．江西师范大学学报（哲学社会科学版），2002(4)：111-113.

② 康建琴．幼儿教师专业能力标准框架的初步构建[J]．继续教育研究，2007(3)：109-111.

③范小玲．以职业能力为核心构建学前教育专业实践教学体系——以琼台师范高等专科学校为例[J]．海南广播电视大学学报，2011(1)：77-78.

力、资源利用能力、引导能力、评价能力、调整能力，并详细阐述了这七种能力内涵的更新与完善[①]。

除学者提出的理论构想外，一线幼儿园教师根据自己的经验总结，也对幼儿园教师教学能力发表了自己的看法。他们比较重视幼儿园教师在实际教学活动中弹、跳、唱等外显的基本技能。当然，也有研究者试图从理论和实践共同出发，对幼儿园教师的教学能力进行全面的解构。叶丽在其硕士论文中综合借鉴了理论和实践研究者对幼儿园教师专业能力的划分，提出了幼儿园教师教学能力构想，认为幼儿园教师教学能力包括：教学设计能力，教学资源开发、利用能力，教学环境创设能力，教学实施能力，教学评价能力[②]。刘揖建认为幼儿园教师专业技能应包含本体性技能与条件性技能。本体性技能是指需要传授给幼儿的技能，如唱歌、舞蹈、画画、讲故事等；而条件性技能是指将本体性技能传授给幼儿的教育教学技能，如会利用舞蹈开展教育教学活动[③]。祝艳认为幼儿园教师美术教学包括五大要素：幼儿美术教学的课堂设计能力、幼儿美术教学的实施能力、幼儿美术教学的评价能力、幼儿美术教学的多媒体制作能力、幼儿美术心理特点的掌握能力[④]。兼顾的研究范式及对幼儿园教师教学能力构成框架的划分为后续研究奠定了坚实的基础。通过对幼儿园教师教学能力构成进行文献梳理发现，大部分研究者都是从教育学、心理学角度出发，来探讨幼儿园教师教学能力构成的，从其他学科的角度来分析解构的极少。另外，尽管研究者群体不同，角度有差异，但大都认为幼儿园教师的教学能力是由一般能力和特殊能力构成的。

---

① 谢梦怡，张新立．幼儿教师专业能力结构及内涵分析——基于课程游戏化建设[J]．科教导刊(上旬刊)，2019(25)：84-86.

② 叶丽．重庆幼儿教师专业能力的现状调查研究[D]．重庆：西南大学，2008：17.

③ 刘揖建．幼儿教师专业技能体系的设计与探索[J]．高教论坛，2014(6)：90-92.

④ 祝艳．浅谈中职幼师专业学生美术教学能力的培养[J]．职业教育，2018(11)：76-78.

（二）幼儿园教师教学能力培养的相关研究

幼儿园教师的教学能力主要通过职前院校和职后托幼机构两个阶段来培养，它是一个复杂、漫长的过程，相关研究丰硕，但是深度上有所欠缺。我国研究者主要从宏观及微观的角度对幼儿园教师教学能力的培养进行探讨。从宏观层面对幼儿园教师培养整体上把握的研究有时丽的《当前我国幼教师资培养存在的问题及对策——以中等幼儿师范改革为例》，论文中作者介绍了我国幼儿师范学校培养体系在目标定位、生源质量、就业、课程设置等方面存在的困境，并提出了提高学校层次、改变办学模式、加强课程建设等解决困境的设想[①]。沈堰奇在其《提高高师幼教师资培养质量的思考——重读"艺友制"的启示》中从培养目标、方式、过程、对象四个方面全面阐述了当前我国高师幼教师资培养普遍存在的问题，并提出借鉴我国教育家陶行知的"艺友制"的精髓来提高师资培养质量的建议[②]。姜莉莉构建了集课程教学模式、模拟训练模式、幼儿园实践模式、技能训练与竞赛模式于一体的幼儿园教师职业能力训练模式，同时，还构建了与职业资格证书制度相接轨的职业能力考核制度[③]。李东瑛认为，在幼儿园教师的职前培养中，应构建职前幼儿园教师良好的知识结构，注重基础性、实践性知识，突出建构性，提高课程结构的主体性即精化必修课，增大选修课的比重；同时，提高幼儿园教师的实践操作能力，增大实践环节在整个教育体系中的比重，将理论教学和教育实践有机结合，使二者在相互作用中发生化学效应，建立二者的功能性联系[④]。

---

① 时丽.当前我国幼教师资培养存在的问题及对策——以中等幼儿师范改革为例[D].济南：山东师范大学，2005.

② 沈堰奇.提高高师幼教师资培养质量的思考——重读"艺友制"的启示[J].成都中医药大学学报，2008(4)：63-65.

③ 姜莉莉.高职学前教育专业学生职业能力培养的实践探索[J].教育与职业，2009(2)：76-77.

④ 李东瑛.基于实践能力的幼儿教师职前培养策略研究——以四川省A校为个案[D].重庆：西南大学，2012.

微观层面主要关注的是幼儿园教师个别、各学科能力的培养及其策略研究。各领域研究者主要集中对幼儿园教师的音、体、美、科学等教学能力培养进行研究。如：张海芸对幼师舞蹈教学能力的培养进行了论述，认为幼师的舞蹈不同于专业舞蹈，更应该注重基本教学能力，比如教学方法的掌握和动作的示范、口语表达讲解、舞蹈创编能力等①。燕飞对幼儿教师体育教育能力培养问题进行探讨，运用德尔菲法建构出幼儿园教师体育教学能力构成图，认为幼儿园教师体育教育能力由一般教育能力、专项教育能力和应用教育能力构成②。祝艳认为，幼师美术教学能力培养策略主要有设置提高幼师专业学生美术教学能力的课程体系，加强对幼师专业学生美术教育科研能力和现代媒体技能应用能力的培养等策略③。

幼儿园教师个别教学能力的研究主要集中在对幼儿园教师语言能力培养方面，江爱军在其《浅议幼儿教师提高语言素养的途径》中对如何提高幼儿园教师的语言素养进行了论述④。王娟的《幼儿教师语言能力培养方法与提升路径探析》，基于教学实践，探究了幼儿园教师语言能力培养的方法、幼儿园教师语言水平测试评判的标准，探讨了提升幼儿园教师语言素养的路径：加强语言基本功的训练；大量阅读文学作品；树立正确的幼儿教育理念；进行系统的理论学习；不断反思，勇于创新⑤。这些研究一般就幼儿园实践中幼儿园教师语言的技巧培养策略进行论述，实践性强，提出的策略有针对性，但深度和普适性欠佳。近几年，幼儿园教师语言教学能力方面的研究，考量实际教学活动中教师语言运用能力培养的居多。

除此以外，还有幼儿园教师信息技术运用能力方面的研究，张筱

① 张海芸.浅谈职教幼师学生舞蹈教学能力的培养[J].兵团教育学院学报,2018(2):78-79.
② 燕飞.幼儿教师体育教育能力培养研究[D].重庆:西南大学,2016.
③ 祝艳.浅谈中职幼师专业学生美术教学能力的培养[J].职业教育,2018(11):76-78.
④ 江爱军.浅议幼儿教师提高语言素养的途径[J].学前教育研究,2007(07-08):106-107.
⑤ 王娟.幼儿教师语言能力培养方法与提升路径探析[J].新西部,2018(1):160.

茜在《如何有效提升幼儿教师信息技术应用能力——基于教学需求的视角》中，分析了幼儿园教师信息技术能力培养的误区，结合实际提出了完善职前教育课程，增强教师的合作意识，营造幼儿园教师之间共同提高的良好氛围，重视职后培训等有效措施，以期提高幼儿园新手教师的信息技术能力，促进教学水平的提高[①]。张慧在《教育信息化2.0背景下幼儿教师信息技术应用能力调查研究》中以安徽省三个地级市的城乡幼儿园教师为研究对象，开展教育信息化2.0背景下幼儿园教师的信息技术应用能力调查研究。通过分析发现，目前幼儿园教师信息技术应用能力主要存在六大问题：三通两平台未能实现“物尽其用”；仅处于“应用”水准；各维度发展不均衡；信息技术操作能力较低；高龄、乡村幼儿园教师应用能力落后；提升动力不足。针对上述问题，幼儿园教师要坚持信息化理念先行，转变传统教学观念；创设“智慧”游戏，使幼儿教学寓教于乐；强化应用驱动，开展“互联网+教育”探索与应用。幼儿园要以需求为导向，完善教育信息化环境；激发内外动机，建立多元化的评价机制；在有条件的情况下配备专业人员，开展个性化园本研修[②]。郝新莲在《职前幼儿教师信息化教学能力现状及提升策略研究》中谈到，“互联网+教育”是一种新型的教学模式，采用这种教学模式有利于增强师生间的互动，引导学生参与到教学之中。教师精准、客观、及时地评价学生，能够激发学生的学习积极性，激发课堂的时效性，能够改善教学现状，切实提高教学质量[③]。

除幼儿园教师信息技术相关研究外，还有环境创设能力培养等零

① 张筱茜.如何有效提升幼儿教师信息技术应用能力——基于教学需求的视角[J].教育现代化,2018(12):135-136.

② 张慧.教育信息化2.0背景下幼儿教师信息技术应用能力调查研究[D].芜湖:安徽师范大学,2020.

③ 郝新莲.职前幼儿教师信息化教学能力现状及提升策略研究[J].现代职业教育,2022(13):22.

散的相关研究，著名的幼儿教育专家朱家雄对幼儿园新手教师创设教育环境的能力有不同的见地，他认为在幼儿园进行环境创设的过程中，应该考虑生态学的相关观点，不能单纯地认为只是物质装饰，要深入发现内在的联系，幼儿园中有不同的系统，例如外在环境还有中间系统、外系统和大系统这些层次，不同性质的环境有不同的联系，不能忽略彼此间的关联①。肖伯安和宋静在《幼儿教师教育环境创设与利用能力的影响因素探究》中提出提升幼儿园教师环境创设能力的方法主要是加强职前培养目标和课程体系的建设，完善职后培训体系以及加大经费投入②。

总体来说，我国对幼儿园教师教学能力培养的相关研究较多，一部分研究者从培养院校出发，通过对涉及幼儿园教师职前培养的要素，例如课程设置、培养目标、招生制度、师资力量等方面进行调查，进而提出相应措施；另一部分研究者关注职后托幼机构，通过加大投资力度、强化师资培训等相关调查，提出相应对策。通过以上调查，分析幼儿园教师职前培养和职后培训存在的不足，提出参考对策。这样一来，研究虽具有普遍性，但针对某一地区某一特色的教学能力培养提出独特策略的较少，很多都是概括性的策略。在学科教学能力和个别教学能力培养方面，主要集中在幼儿园教师一些经验的总结，或是一些有实践经验研究者的展望上，缺乏实证性量化研究，这是幼儿园教师教学能力培养研究方面欠缺的，也为本研究提供了空间。

（三）幼儿园新手教师教学能力的相关研究

通过对现有学者的研究进行总结，我们发现关于幼儿园新手教师

① 朱家雄.从生态学视野看学前教育[J].教育导刊(下半月),2006(4):4-6.

② 肖伯安,宋静.幼儿教师教育环境创设与利用能力的影响因素探究[J].课程教育研究,2018(38):193-194.

的研究相对比较缺乏，文献数量较少，其研究主要集中在五个方面：幼儿园新手教师继续教育及培训的研究；幼儿园新手教师和专家型教师的比较研究；幼儿园新手教师入职角色适应的研究；幼儿园新手教师某些学科教学能力的相关研究；幼儿园新手教师成长困境的相关研究。辛蓓颖认为，新入职幼儿园教师职业适应水平处于中等偏上水平，职业适应的各维度之间发展不平衡；新入职幼儿园教师职业适应水平在性别、年龄、教龄、专业、学历和幼儿园类型人口学变量中存在显著的差异性，并且从社会、幼儿园与教师三个方面提出了相关建议[①]。陈沛瑶在幼儿园语言教育活动中，对新手与熟手教师师幼互动行为的比较研究发现，两类教师师幼互动行为在教师敏感性和语言示范两个方面差异最大，在活动安排效率这一方面差异最小[②]。刘瑞认为，幼儿园新手教师在教学反思认知上不具深刻性、教学反思意识上欠缺主动性、教学反思内容上存在粗浅性、教学反思方式上呈现单一性、教学反思行动上缺乏成效性。基于此，研究者从幼儿园新手教师、职前培养、幼儿园及社会四个角度诠释其成因，从四个方面提出促进幼儿园新手教师教学反思能力发展的具体策略，以期为当前幼儿园新手教师群体在教学反思能力的发展方面提供支持与参照[③]。

二、国外研究动态

（一）幼儿园教师教学能力构成研究

幼儿园教师教学能力构成一直是国内外学者研究的重点，美国以

① 辛蓓颖.新入职幼儿园教师职业适应与心理弹性现状及关系研究[D].天津：天津师范大学，2022.

② 陈沛瑶.幼儿园语言教育活动中新手、熟手教师师幼互动行为的比较研究[J].教育观察，2021(30)：71-74.

③ 刘瑞.幼儿园新手教师教学反思能力研究[D].芜湖：安徽师范大学，2021.

一些专门的机构、组织提出的比较权威的幼儿园教师专业标准为主，对幼儿园教师的教学能力进行了系统、科学的论述。美国幼儿教育协会（NAEYC）对幼儿园教师的专业化进行了规定，认为一名专业的幼儿园教师可以做到教育学、心理学知识的灵活运用，依据幼儿特点制订课程计划，善于为幼儿提供良好的氛围，与幼儿家庭建立积极关系等。虽然该声明没有明确提出幼儿园教师应具备的教学能力，但是从其对教师专业化的规定可以看出其对幼儿园教师教学能力的要求。此外，美国专业教师标准理事会（NBPTS）也提出了幼儿园教师的专业标准，主要包括：①了解幼儿；②促进幼儿发展和学习；③整合课程知识；④多样的教学策略，促进有意义学习；⑤评价；⑥反思实践；⑦家庭伙伴关系；⑧专业伙伴关系。很明显，幼儿园教师的教学能力一直是NAEYC和NBPTS关注的重点。

日本的《幼儿园教育纲要》，尤其重视幼儿园教师的环境创设能力，要求幼儿园教师加强对幼儿身心发展特点及现有知识经验的了解，能够有计划地创设适合幼儿的教育活动，引导幼儿建立良好的同伴关系，教师应经常对环境创设进行反思。

各国都针对自身实际提出了关于幼儿园教师教学能力的要求。总体来看，了解幼儿、环境创设、整合设计课程、教学策略的运用及评价等能力无疑是他们突出强调的教学能力，“他山之石，可以攻玉”，这些都为本研究解构幼儿园新手教师教学能力提供了很好的借鉴。

（二）幼儿园教师教学能力培养研究

国外关于幼儿教育师资培养的研究众多，其中幼儿教育师资培养的机构、课程设置、招生制度等与幼儿园教师教学能力的培养直接相关，所以本研究重点对其综述。在美国，幼儿教育师资的培养很受重视，参与培养的机构主要有研究生院、四年制学院、早期教育学院、大学等，培养出来的幼儿园新手教师学术性较强，起点高。在课程内容设置方面更注重实践，马里兰大学的Saracho教授提出了一个包括六个环节的幼儿教育师资培训课程设置结构：人才选拔、基础知识、专业课程、教学方法、教学实践以及课程改革[①]，并认为一名优秀的幼儿园教师必须具有将教学内容通过有效的教学手段和方法传递给幼儿的能力。

日本非常重视对幼儿园教师的职前培养和职后培训，1949年日本颁布了《教育职员许可法及其实行法》，要求预从业者必须知识广博，专业知识丰富，而且在修满大学规定的学分、经过十分严苛的考核后，才能取得教师录用资格。日本众多学者根据《教育职员许可法及其实行法》来解读幼儿教育师资课程的开设问题，其中教育实习时间是研究者关注的重点，后修订版《教育职员许可法及其实行法》中也对此进行了修整，可以看出教育实习对于幼儿园教师的重要性。还有一部分学者倾向于开放式课程的设置，认为应根据本土情况开设特色课程。美、日两国对幼儿教育师资的学历要求一般较高，比较重视培养机构课程设置的全面性及精细化，同时很重视实习对未来幼儿园教师教学能力培养的价值。

三、已有研究的不足及本研究的价值

（一）已有研究的不足

查阅文献我们发现，国内外幼儿教育研究者对幼儿园教师教学能力构成的研究已初具规模，但仍存在不足之处。大部分研究者从宏观角度出发，对幼儿园教师教学能力构成以及培养进行了理论探讨，提

①王少妮.美国幼教师资职前培养体系研究[D].成都：四川师范大学，2008：4-5.

出了一些理论模型，但是实证性的实验和调查研究较少，特别是较为细致的有严格科学数据支撑的量化研究更是欠缺，这就容易使幼儿园教师的教学能力研究成为空泛的理论设想，缺乏与实际幼儿教学的紧密联系。有些研究看似科学，实则很难进行结构性观测，这与教师教学能力体系本身较复杂庞大有关，同时研究者的角度也较多元，因此，试图得出一种统一的细化的研究结论就比较困难。但是欠缺有数据支撑的实践研究，是不完善的。

幼儿园教师教学能力的全面研究较少，相关研究散见于幼儿园教师的论述当中，探讨得比较笼统，无论是在研究范围上还是在研究方法上都需要完善。

（二）本研究的价值

相对以往的研究，本研究有其独特的价值。

在研究对象上，拓宽了以往幼儿园教师的研究范围。以往对幼儿园新手教师教学能力的探讨相对较少，特别是对本科毕业的幼儿园新手教师的研究更是缺乏。本研究初次系统地对本科毕业的幼儿园新手教师进行研究，在研究对象上更具针对性和具体性，相较于以往的研究，拓宽了幼儿园教师教学能力研究的范围，在研究对象上有所创新。

在研究内容上，通过上述的文献梳理，我们发现很多研究者集中去做幼儿园教师专业素质、专业成长、专业发展等方面的研究。而幼儿园教师教学能力的细化研究相对较少，本研究试图去弥补缺少较系统、全面、深入对幼儿园新手教师教学能力研究的缺憾，做一些细微的相关调研，对本科学历幼儿园新手教师教学能力做一些粗浅的探讨，为自己与他人的后续相关研究提供一些数据资料。

在研究方法上，研究方法的灵活性、多样性也是本研究的重要价值体现。本研究主要采用了问卷调查、访谈调查以及实地观察等多种方法，对幼儿园新手教师教学能力实践进行了直观性的考察。通过对幼儿园新手教师进行深入访谈，深入教师教学一线观察他们在实际幼儿教学过程当中教学能力的展现情况，理论和实践相结合进行研究，更具准确性和客观性。

第二章　幼儿园新手教师教学能力的理论研究

第一节　幼儿园新手教师教学能力的内涵解读

一、幼儿教师

幼儿教师是幼儿教学活动直接的参与者和实施者，幼儿教师的质量不但是幼儿发展及教学活动成败的直接影响因素，而且是影响整个民族教育质量的关键性因素。那么，到底什么是“幼儿教师”呢？

《中国大百科全书：教育卷》中将教师的概念界定为：“教师是向受教育者传递人类积累的科学文化知识和进行思想品德教育，把他们培养成一定社会需要的人才的专业人员。”[①]从古至今，对教师的理解一直在发生着变化，但一个亘古不变的共同点就是教师承担着教书育人的责任，而对于幼儿教师的概念各学者争论较多，这主要是由于我国对幼儿教学的界定不同所导致。幼儿教师确实与普通教师有很多不同，他们除了具备普通教师应具备的学科知识外，还应具备幼儿教育能力，相对于普通教师而言，幼儿教师需要更多的成长过程，所承担

①中国大百科全书总编辑委员会．中国大百科全书：教育卷[M]．北京：中国大百科全书出版社，1985：146.

的任务也更重。广义上讲，我们认为在幼儿教育体系下承担教学任务的教师都应是幼儿教师。本研究中的幼儿园教师主要是指狭义的幼儿园教师，我们认为狭义的幼儿园教师是指能够利用一定工具，承载一定的内容，进行教学的教师。《中国学前教育百科全书：教育理论卷》中指出，幼儿教师主要是指“受社会的委托，在幼儿园或其他幼教机构中对儿童的身心发展施加影响、从事教育和保育工作的教育工作者”[①]。由此可知，幼儿教师包括从事教学的教师和从事保育的保育员，而本研究的对象是负责幼儿教学的幼儿园教师。

二、幼儿园新手教师

学者们对幼儿园新手教师的界定各有不同。曹艳梅将幼儿园新手教师定义为：除保育人员和管理人员外，在幼儿园一线工作中承担教育教学工作3年以下的学前教育工作者[②]。张远将其界定为毕业于师范或非师范专业且取得教师资格证书，并参与幼儿园保育教育工作未满5年的教师[③]。袁新新将幼儿园新手教师界定为在幼儿园任教时间为3年以下，能承担幼儿园基本教学工作的教师[④]。因此，综合已有研究，我们将幼儿园新手教师定义为教龄在3年以内，参与幼儿园教育教学工作的教师。

①卢乐山，林崇德，王德胜.中国学前教育百科全书：教育理论卷[M].沈阳：沈阳出版社，1995：157.

② 曹艳梅.基于《幼儿园教师专业标准（试行）》的新手幼儿教师专业素养调查研究[D].西安：陕西师范大学，2014：4.

③ 张远.新手教师区域活动环境创设园本培训的行动研究[D].天津：天津师范大学，2016：2.

④ 袁新新.幼儿园新手教师实践知识的个案研究[D].开封：河南大学，2010：13.

三、幼儿园新手教师教学能力

研究者从多角度出发对教学能力的概念进行了论述，由于所处角度不同，形成了对概念的不同理解。

国外关于教学能力概念的界定主要可以概括为三个方面：内涵定义、工作内容定义和结构定义。从教学能力的内涵上看，Dineke认为教学能力是一个综合的个人特征，是支持在各种教学环境中满足有效教学绩效所需要的知识、技能和态度[①]。从工作内容上看，Wang认为教学能力指的是教师能够诊断和课程主题相关的学习前提条件，并根据持续的诊断对学习过程进行指导；能够联系学习目标进行课程决策；能够制订学习安排，根据对学习前提条件、个性学习过程、学习目标的分析，调动学生积极参与学习；能为教学和学习的顺利进行而进行有效的课堂管理[②]。从结构上看，日本冈山理科大学教授小山悦司认为，教学能力分为技术层面和人格层面两个维度，技术层面包括专业技能、智谋技能、交际技能，人格层面包括个性和动机[③]。

我国关于教师教学能力概念的界定是在借鉴国外研究成果的基础上，同时结合中国国情来做的定义。

余承海、姚本先研究认为教学能力是顺利完成教学活动所必需的，并直接影响教学活动效率的个体心理特征；是通过教学活动将个人智力和教学所需知识、技能转化而形成的一种职业素质；是依托于一定的智力，以认识能力为基础，并在具体学科教学活动中表现出来

---

① TIGELAAR DEH, DOLMANS DHJM, INERE HAPW.The development and validation of a framework for teaching competencies in higher education[J].Higher Education, 2004, 48(2):253-268.

② WANG M C. Adaptive instruction: building on diversity[J]. Theory Into Practice, 1980, 19(2):122-128.

③ 钟启泉.教师的“教学能力”与“自我教育力”[J].上海教育科研,1998(9):15.

的一种特殊能力[①]。

罗树华从教学任务和内容的角度认为，“教学能力，是指教师运用特定教材从事教学活动、完成教学任务的能力”[②]。

孙亚玲在其博士论文中对教师教学能力进行了论述，她认为“教师的教学能力是教师为了保证教学的有效性，达到预期的教学目标，而在教学的全过程中所表现出来的规划设计、组织与管理、动手操作、表达、评价与反馈、调节与控制、理解与交往、教研和科研等综合能力”[③]。在这里孙亚玲更强调这些能力与教学有效性的密切关系。

申继亮等人认为，“教学能力是以认识能力为基础，在具体学科教学活动中表现出来的一种特殊能力（专业能力）”[④]，很明显他是从心理学的角度来谈的。

王宪平依据众多研究者的成果，从多个角度出发认为，“教学能力是指教师在一定的教学情境之中，基于一定的教学知识和教学技能，促进教学目标的顺利高效达成，促进学生生命发展所表现出来的个性心理特征，是科学性与艺术性的统一”[⑤]。

幼儿园新手教师教学能力属于教师教学能力研究的范畴，与所有教师教学能力存在共性，同时也具有作为幼儿园新手教师的特点。本书比较赞同王宪平的观点，并将幼儿园新手教师教学能力界定为：幼儿园新手教师在幼儿教学活动中，运用独特的幼儿教学知识和教学技能，为促进幼儿教学目标的顺利高效达成，促进幼儿身心全面发展所表现出来的个性心理特征。

① 余承海，姚本先．论高校教师的教学能力结构及其优化[J].高等农业教育，2005(12)：53-56.

②罗树华，李洪珍．教师能力学[M].济南：山东教育出版社，2000：26.

③孙亚玲．课堂教学有效性标准研究[D].上海：华东师范大学，2004：57.

④申继亮，王凯荣．论教师的教学能力[J].北京师范大学学报(人文社会科学版)，2000(1)：68.

⑤王宪平．课程改革视野下教师教学能力发展研究[D].上海：华东师范大学，2006：17.

第二节 幼儿园新手教师教学能力及多视角探讨

教师教学能力构成问题是诸多专家学者一直关注的重点问题。国外对教师所应具备的教学能力的研究从20世纪70年代开始逐年增多，并且慢慢发展成一些国家政府的政策性要求。早在20世纪80年代末，日本和欧洲的一些国家就已经正式提出了教师教学能力的标准，并在逐渐合理和细化。随着我国教育的不断发展，教学能力对于人才培养的重要意义和价值也逐渐被人们所认识，与此相关的研究也越来越丰富。作为幼儿园新手教师，他们不但要精通学科知识内容，而且必须是一个幼儿教育者。幼儿园新手教师教学能力是他们进行幼儿教学工作必备的一种职业能力，是一种特殊能力。那么，合格幼儿园新手教师的教学能力包括哪些？诸多学者从多个角度进行了研究和分析。但由于研究者的侧重点不同，还是形成了多种对教师教学能力的解构。

一、教育学角度

幼儿园新手教师的教学能力要以丰富多彩的幼儿教学活动为纽带得以外显，并在动态的幼儿教学活动中不断提升。教学活动属于教育学的研究范畴，因此，可以从教育学的角度对幼儿园新手教师的教学能力进行解构。首先从教学角度来解构教师教学能力是很多研究教育学专家的理解，这种理解和解构不是一开始就非常完善的，而是随着教学实践的增加也呈现出动态的发展过程，逐渐完善和科学，“其基本思路是从教育目标、教育活动的实施过程，以及教育的方法和手段的运用角度进行分析，侧重的是知识性和技能性的因素”[①]。教师教学能力大致上包括幼儿教学设计能力、幼儿教学实施能力、幼儿教学评价能力。①幼儿教学设计能力。通常是指在开展教学活动之前，教师为了完成教学内容，达成教学目标，从而周详准备的用于服务教学实践的一切活动，一般包括教学环境布置、教学材料选择、教学方式方法选用、教学内容创新处理等能力。②幼儿教学实施能力。主要是教师基于选择好的丰富教学内容，运用多种媒介和渠道有效地组织教学的能力。③幼儿教学评价能力。主要是指教师以观照的眼光去看待整个教学过程，去反观教学中可能存在的不足和优势，以期待去改善和修正的能力。

二、心理学角度

有许多学者提出异议，认为从教学过程等角度对教师教学能力进行划分过于注重操作性，能力本身是身体和心理协调一致的活动，“离开人的心理机能，能力无从产生”[②]。从心理学角度讲，能力属于人的一种个性心理特征，因此，有很多学者从心理学的角度来探讨教学能力的构成。但我们也清楚，尽管能力归属于心理特征，但必须要通过鲜活的社会实践活动来呈现，它并不是单纯的、稳定的，而是一种包含环境、文化等多要素的综合体。在教学活动中，人的心理成分和社会文化等相互作用，构成了影响外围的支配力。

心理学领域对一般性的能力结构的探讨集中于个体自身，对于能力分类及结构的描述研究已经较为丰富。我们较为详知斯皮尔曼的一般能力和特殊能力划分，将人类的能力进行了层次区分，还有吉尔福特的智力三维结构理论，以及著名的加德纳的多元智能理论。通过分

①朱欣欣.教师教育教学能力构成的研究[J].教育评论,2004(5):61.

②罗树华,李洪珍.教师能力学[M].济南:山东教育出版社,2000:7.

析我们可以看出，吉尔福特的智力三维结构理论和加德纳的多元智能理论从不同层次对各种能力进行了解构，但更倾向于特殊能力，相对而言，斯皮尔曼的能力结构理论更具有指导意义。因此，从心理学角度去论述教师教学能力，往往倾向于教师教学过程中应具备的一般能力和特殊能力两个大的方面，也就是认知、观察等一般能力和特殊领域的艺术、语言等能力。

本书综合前人研究以及笔者的思考认为，心理学专家从能力的心理构成要素出发，认为教师教学能力是教师思想品格、心理特征、行为规范和道德准则的综合体现，其以“心理素养、道德素养和语言素养三个方面为基础”[①]。因此，从心理学角度诠释幼儿园新手教师教学能力的构成，应主要包括：幼儿教学认知能力、幼儿教学操作能力以及幼儿教学监控能力等。幼儿教学活动的侧重点不同，主要突出的能力也就不同，本书主要就上述三大能力中对幼儿影响最大的方面进行了探讨，如：操作能力中的语言表达能力、监控能力中的反思能力等。

三、社会学角度

幼儿教育作为整个社会教育大厦的基石，对社会的发展日益重要。人作为社会的一部分，无时无刻不与周围的世界发生着关系，能力是指主体自身在特定情境下完成客体任务变现出来的“力量”。幼儿园新手教师作为社会系统中独特的群体，其教学能力既受到社会进步和文化发展的影响，又有着社会教育制度变革的烙印。无论教师是否愿意，其自身始终存在于社会中，受到社会要求的限制，因此无论什么层次的教师其教学能力都有着社会性，其扮演的角色也在随着社

①朱欣欣.教师教育教学能力构成的研究[J].教育评论,2004(5):61.

会需求逐日发生着剧烈的变化。因此，从社会学的角度剖析幼儿园新手教师教学能力的结构，具有鲜明的时代特征。我国学者一般倾向从哲学社会学角度来分析教师的教学能力，本研究中也会就此方面进行剖析，以期解构出科学合理的幼儿园新手教师教学能力结构。

随着社会的发展进步，对教师的需求和对教师能力的要求也在发生着快速的变化，特别是对基础教育阶段的幼儿园新手教师。一方面，幼儿园新手教师的角色正在发生着变化，他们不仅仅是知识的教授者，也应该是具有启发引导能力的促进者、具有课程开发实施能力的研究者、具有写作能力的合作者和具有创新能力的创造者。他们不再是给别人一碗水，自己有一桶水那么简单，更应该是能够创设教学计划，引领学习者前进，并具有创新能力的人。另一方面，随着现代化进程的不断加快，高新技术的发展、学习化社会的推进等，都影响着幼儿园新手教师教学能力的构成。幼儿园新手教师作为幼儿教学的直接实施者，要承担教学目标设计、内容选择、方法运用等关乎教学成败的重要任务。从社会学角度来看，幼儿园新手教师的教学能力主要应该包括：促进幼儿之间相互尊重、相互理解及建立和睦关系的能力，运用电子教学设备的能力，激发幼儿兴趣的能力，教师自我教育的能力，等等。

如图 2–1 所示，我们从教育学的视角出发，综合心理学和社会学，分析总结幼儿园新手教师教学能力的构成。主体构成采用教育学框架，同时将操作能力中的语言作为一个主要方面，也就是幼儿园新手教师的语言表达能力，并把其对幼儿教学的监控能力剖析出来，着重分析其反思能力。将从社会学视角分析的促进幼儿关系、运用电教设备以及激发幼儿兴趣附着于教学活动实施环节，总结出幼儿园新手教师的教学能力构成。

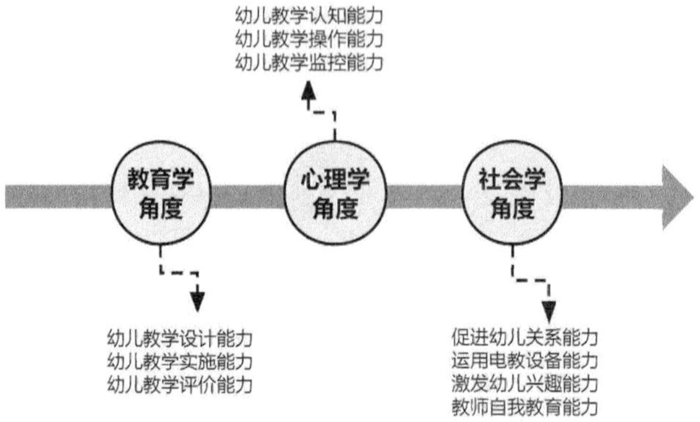

图2-1　幼儿园新手教师教学能力

第三节　幼儿园新手教师教学能力的构成

教学能力是教师进行教学活动应具备的综合能力，影响着教学活动的效果，关系到教学活动的成败。本书从教育学、心理学、社会学等多个角度出发，借鉴各位专家的研究成果，结合幼儿园幼儿教学的实际，将幼儿园新手教师教学能力具体划分如下：

一、幼儿教学认知能力

（一）对学前教育政策文件的掌握和认知

建设师德高尚、业务精湛、结构合理的高素质幼儿园教师队伍，需要党和国家相应的学前教育政策的保障。近年来，普惠性幼儿园体系的建设，边远地区学前教育师资供给的倾斜等，都在很大程度上解决了我国基层一线幼儿园教师数量和质量问题。了解学前教育相关政策是幼儿园教师完成工作、履行自身工作职责的前提。了解和践行国家的学前教育政策、职业规范和要求，是做好幼儿园保教工作的前提。首先，幼儿园新手教师要了解《幼儿园教育指导纲要（试行）》《中华人民共和国学前教育法》（草案）《幼儿园工作规程》《幼儿园教师专业标准（试行）》等学前教育政策，入岗前要对相关政策进行学习，特别是对一些与自身工作紧密相关的政策规定要做到心中有数。其次，能够掌握各项政策的基本理念，将政策理念贯穿于工作行为中，遇到困境和难题时能够准确查询相关政策条文，根据政策的相关要求解决实际问题，特别是教学实际问题。

（二）对幼儿学习发展的认知能力

任何教学活动都要将教育对象作为教学活动设计和实施的出发点。作为幼儿园教师，要了解幼儿现有的发展水平及潜力空间，了解幼儿拥有的知识经验，花时间和精力搜集关于幼儿发展的数据，做到在教学之前对幼儿有一定了解，在总结和评估幼儿现有发展水平的基础上，设计符合幼儿身心发展特点的幼儿园教学活动，实施过程中也要根据幼儿的特点开展教学活动。首先，在思想意识层面，坚定正确的教育信念，树立正确的儿童观，全面理解幼儿是不同的独立个体，尊重幼儿身心发展差异。其次，了解幼儿身心发展特征、现有水平和可能提升的空间，知道幼儿原有的知识经验。最后，深刻理解幼儿与周围环境的交互关系及作用，环境、人员、物品都是幼儿成长接触的重要关系，明白这些关系形成的氛围能影响幼儿发展水平，能够利用教学场域的交互作用，采用一定的技巧恰当教育幼儿，解决幼儿教学中存在的问题。

（三）对教学情况的把握能力

幼儿园新手教师要熟悉和贯彻学前教育政策，全面了解幼儿发展实际情况，更要把握教学活动中最基本、最核心的中心内容，能够从幼儿实际出发，帮助幼儿领会教学活动中较为抽象复杂的难点问题，把握幼儿园教学活动的情况，明确幼儿园教学活动重难点，从而实现教学活动目标，增长幼儿的知识和技能。作为幼儿园新手教师，我们要做到在教学活动进行前，将教学活动的重难点剥离出来，通过教学辅助手段解决幼儿难以理解的抽象活动内容，用具体形象的方式展现给幼儿，引导幼儿去发现、去探索。同时，教师能够将教学活动目标，按照阶段的形式呈现，利用小步子的原理，将一次教学活动的目标分成诸多小目标，让幼儿在一次教学活动中逐个实现。维果斯基谈到过最近发展区理论，建构主义也提倡我们进行支架式教学，幼儿园教师不仅要明确幼儿园教学活动的重难点，还要能够为幼儿搭建支架，引导幼儿从一种水平向更高水平发展。

（四）预见幼儿心理问题的能力

随着社会经济的发展，特殊类型家庭的子女数量逐渐增多，幼儿阶段的人格培养和心理健康问题受到了普遍的关注。人类早期情绪情感、个性发展以及社会适应能力的发展对其以后的人生具有重要的奠基作用。作为幼儿园教师，我们要有幼儿心理健康教育方面的知识，能够预见幼儿常见的心理健康问题，并通过科学有效的方式来调整和提高幼儿的心理健康水平，从而培养身心健康的祖国建设者和接班人。

二、幼儿教学设计能力

幼儿教学设计能力是指幼儿园新手教师在具备基本的幼儿教育专业知识和教学技能的基础上，能够综合运用这些知识和技能，根据《幼儿园教育指导纲要（试行）》的要求设计出适合活动方案的能力。具体来说，这方面的能力主要包括：幼儿教学目标确定及设计能力，幼儿教学内容选择能力，幼儿教学教案编写能力，等等。

（一）幼儿教学目标确定及设计能力

教学目标是师生通过教学活动，预期要达到的某种结果或一些标准，主要描述学习者通过学习后预期产生的行为变化。随着课程标准的出台以及实际需要，我们认为教学设计的目标应主要体现在目标的主体和维度、目标的阐述、情感教学目标三个方面。

1. 目标的主体和维度

幼儿园教师教学设计的出发点应该是学习者，这里主要指幼儿，幼儿是学习的主体。因此，教学设计目标的主体也应该是幼儿。那么，教学目标设立的维度也应该更加全面准确，要做到知识和技能、情感、社会性和实际能力全面发展。

2. 目标的阐述

教学目标是为教师在教学中可随时评价和调控教学而设置。因此，目标的阐述必须是教师所能够观测或是评价到的，切忌模棱两可的阐述。含糊不清的目标阐述缺乏可观测性，也就失去了目标设计的价值。在教学目标的阐述上，应采用教学目标的心理阐述和行为目标相结合，使教学目标的完备性与操作性都得以体现。教师在掌握目标的阐述技巧时需要注意以下几点：首先，目标发出主体必须一致，要么是教师，要么是幼儿。现今我们通常从幼儿角度来表述行为变化。其次，目标应是分领域、分层次阐述的，切不可模糊一片。再次，行为动词应尽可能是可理解的、可观察的，比如掌握对某个概念词的描述，就不如“阐述”一词更具有操作性。从次，目标的阐述应有表现程度的体现，一般是由浅入深。幼儿应该学会什么知识，如何运用这些知识来掌握某项活动的技能，从而培养某种情感和态度。最后，必要时，附上产生目标指向的结果行为的条件。

3.情感教学目标

实施幼儿教学，可以加强幼儿之间的相互理解与尊重，增强师生之间的团结与协作，可以提高幼儿文化修养，陶冶幼儿情操，进而达到幼儿教学的情感教学目标，实现幼儿教学的重要功能。培养幼儿爱祖国、喜团结、强适应、真善美是幼儿教学的情感教学目标的主要内容。

（二）幼儿教学内容选择能力

幼儿教学内容的选择是实施幼儿教学非常重要的一环。为此很多幼儿园都做了大量的努力，希望能够选择符合幼儿特点、有知识逻辑的内容，以更好地促进幼儿教育的发展。教学内容是教学的核心部分，幼儿教学内容的选择非常重要。下面我们主要就教学内容从哪里选择进行简要概述。

1.从幼儿教学教材中选择

通常情况下，幼儿园教师会通过参考教材来进行教学，因为教材在编写之时，已经考虑到了幼儿年龄特点、知识的逻辑性等基本问题，所以教学内容的选择一部分应该来自教材。现如今幼儿教材繁杂不一，质量参差不齐，需要教师协商研讨，合作选编。有些幼儿园并没有高质量的幼儿教材，因此，可以通过筛选教材中合适的内容，作为幼儿教学主体内容。幼儿园参考教材中有很多涉及传统文化的内容很是适合幼儿教学，教材相对比较成熟，而且逻辑性较强，在这个过程中需要教师们进行协商研讨，共同完成选编。

2.幼儿教学内容网络资料的获取

由于现有的幼儿园参考教材或是编写的参考材料，都是基于某种理念或者教法进行的，我们在筛选过程中也会有一些欠缺，这时候可以参考相应的网络资料。根据理论和实践经验来搜索筛选网络资料，以补充不足。筛选时注意几点：首先，要紧跟时代；其次，要有科学性和文化性；再次，要简单易懂，适合幼儿；最后，要与整理的整个幼儿教材材料相适应。

3.相关专家及经验丰富的人员

在进行幼儿教学内容选择时还应该参考相关专家的理论，同时听取一些有丰富经验的老教师的实践经验，成立教材选编小组，共同商议，以达到科学的目的。

（三）幼儿教学教案编写能力

随着科学技术的发展，现代教育手段已运用于幼儿园教学，这使得一部分幼儿园新手教师不是很注重教案的编写，随之而来的是一部分幼儿园新手教师编写教案能力的下降。实际上教案作为教学计划的文本呈现，非常重要，是教师教学的重要参考。幼儿园教学实际要求教师必须写好教案，尽管对于当代的年轻人来说更倾向于使用网络图片、PPT等，但我们依然要加强教案编写能力的锻炼，因为备课的精华都在教案中。首先，教案是实现课本知识转化的必需环节；其次，教案可以帮助教师实现课堂教学的有序性和计划性；最后，教案是提高教师教学和科研能力的主要途径。编写教案不仅可以给教师教学提供材料依据，还可以锻炼教师的语言组织能力。通过编写教案可以使教师的逻辑思维能力及学术能力得到提高。况且，这些教案也是后期我们研究幼儿园新手教师教学的重要科研资料，对推进幼儿园教师专业发展有重要的意义。

1.教案的前瞻性

幼儿教学的很多理论尚在研究阶段，许多重要的结论还在更新中。教师在编写教案时要注意不断学习前沿研究，调整自己的理念和教学内容，在正确理念的支撑下，选择最新的教学内容、最恰当的教学方法，使教案的编写更具有系统性和权威性。

2.教案的简明性

幼儿园教学教案不是语言笔记，更不是对网络资料的简单抄写，教案必须要在系统性和整体性的基础上表现出简明性。有些教师的教案一个部分就写了好几页，没有重难点。教案编写要简明，不必要的不必赘述，将教学班级、教学时间、教学准备、具体教学目标、教学方法、教学方式、教学重难点等基本问题写清即可。

3.教案要以幼儿为主体

教案要以幼儿为主体，因为教案是以服务教学实践为目的的。教师应通过抓住幼儿的兴趣点来调动其积极性。采用适应幼儿特点的授课方法，如启发法、游戏法、暗示法等，培养幼儿的思维和探索能力。教案设计应以幼儿为中心，关注幼儿的主体地位和主动性，促进幼儿的全面发展。

三、幼儿教学实施能力

幼儿教学活动的组织与实施是一项师生互动的创造性活动。幼儿教学能否顺利完成，取决于幼儿教学活动实施的效果。要保证幼儿教学活动成效显著，教师就应该营造积极良好的文化氛围，平等地与幼儿交流合作，恰当而灵活地运用多媒体。因此，幼儿园新手教师教学实施能力应主要包括：幼儿教学环境创设能力，幼儿教学活动组织能力，教学调控能力，运用教育技术提高幼儿教学能力。

（一）幼儿教学环境创设能力

从物质环境讲，幼儿园新手教师要具备创设园所墙面、走廊、地面等物质空间的能力，利用教室、睡眠室、厕所等空间来进行环境创设。首先，幼儿标识。也就是在突出显眼的位置设计幼儿标识，让幼儿在日常的活动中耳濡目染。其次，典型的图片、实物投放。能够精选或制作具有典型特色的图片、实物来装饰环境，这里需要注意的是，选择或制作装饰品要符合幼儿特点，要能够突出中华特色文化。

从精神环境讲，幼儿园新手教师首先要创设良好的班风，形成良好的人际关系，使幼儿在幼儿园没有压力，感受到被爱。其次，尽量多与幼儿平等沟通，多倾听幼儿的想法。最后，制订计划指导家长根据话题与幼儿一起学习。

（二）幼儿教学活动组织能力

首先，完整性。在幼儿教学过程中，幼儿园新手教师要具备完整把握教学活动过程，并且完整地把幼儿教学完成的能力，其中包括对教学活动流程的把握，实践中与幼儿的互动，对时间的掌握，处理临时突发事件，组织管理等能力。其次，生成性。也就是要求幼儿园新手教师具备根据不同情况临时生成课程的能力。再次，反思性。是要求幼儿园新手教师一定要具备反思整个教学活动的能力，只有不断反思才能有所改进。最后，科学性。幼儿教学活动实践的组织，要具有科学性。

（三）教学调控能力

教师是幼儿教学活动的支持者、引导者和合作者。幼儿园新手教师因为缺乏经验，往往会呈现出课堂控制能力较差的情况。提升幼儿园新手教师课堂教学控制能力，是提高幼儿学习质量的保障。注重幼儿园新手教师教学能力的提升，特别是课堂调控能力的培养，是近几年新入职幼儿园教师培训的重要内容。然而，实际的课堂教学往往会出现意料之外的问题，在教学活动中统筹安排教学活动的步骤，应对教学过程中出现的突发事件，引领幼儿进行完整的教学活动，是一名幼儿园新手教师必须具备的能力。

作为幼儿园新手教师，首先，要熟悉教学内容和幼儿身心发展特点，确保教学设计能吸引幼儿，教具使用恰当，教学的重点和难点突出。其次，在教学过程中遇到问题不要慌张，要认真仔细地询问和观察，沉着冷静应对，找到问题的关键，快速想办法，快速解决问题。

（四）运用教育技术提高幼儿教学能力

幼儿园新手教师进行幼儿教学活动需要多媒体辅助教学，多媒体教学手段的应用，是幼儿园新手教师实施幼儿教学的重要保障。幼儿园新手教师要做到能够利用PPT，突破空间的限制，拓展教学容量；能够利用现代教学手段，通过声音、动画、视频等具体形象的方式，将教学内容呈现给幼儿；能够利用多媒体创设一定的幼儿学习情境，给予幼儿视觉、听觉体验，调动幼儿的耳朵、眼睛、头脑等，激发幼儿对学习的兴趣，活跃幼儿思维。幼儿园新手教师要能将网络上优秀的幼儿教学资源运用于教学活动课堂，拓宽幼儿视野，同时能够通过家园合作，使幼儿利用现代多媒体技术获取一定信息，提高幼儿学习的主动性。

四、幼儿教学评价能力

幼儿园新手教师评价能力是指幼儿园新手教师对幼儿教学的价值判断能力，其主要任务是对幼儿教学过程中幼儿学习的评价和自我教学的评价。对幼儿的评价能力主要指在幼儿教学活动结束后，搜集幼儿学习掌握和运用情况等资料并分析、作出恰当评估判断的能力。评价可以帮助幼儿园新手教师更好地把握幼儿发展的现状，了解幼儿的发展需求，提升幼儿学习的能力和兴趣。幼儿园新手教师通过自我反思，发现自己的优点及不足，从而不断改进教学。

幼儿教学评价能力是幼儿园新手教师必备教学能力之一。作为幼儿园新手教师，要具备评价幼儿的能力，评价的目标是评价幼儿在知识与技能、过程与方法、态度与价值观方面的发展情况，发现幼儿的学习潜能，准确了解每位幼儿能力发展的需求，能力发展过程中的优势及不足。在评价幼儿的过程中，教师应运用多元化的评价方法，并注重对幼儿学习的过程性评价。通过一段时间的教学，能够建立简单的幼儿能力发展评价体系，以促进幼儿学习。此外，幼儿园新手教师还应做到较为准确地评价自身的课程选择和教学方法。幼儿园新手教师要能够判断所选择的课程内容是否符合幼儿发展的需求并根据评价结果进行调整和改进。另外，对自我教学评价的能力也是幼儿园新手教师评价能力的重要方面。教师要能够对自己开展的教学，包括教学内容选择、教学过程、教学方法、教学效果等进行反思和监控，通过评价来改进自己的教学方法，不断提高自身的教学水平。

笔者认为，幼儿园教师的特殊教学能力是融入幼儿教学中的，所以本研究对教学过程进行了整体的考察，从幼儿园新手教师教学当中重点体现它的重要性。

第三章　幼儿园新手教师教学能力现状

第一节　调查对象基本情况分析

一、被调查教师基本情况

确定调查对象的关键在于明确调查对象的范围与界限。笔者对内蒙古某高校2020年、2021年、2022年本科毕业，从事幼儿园教学工作的教师进行了调研，通过深入幼儿园一线观课、考察环境创设、座谈等多种方式，获取一手资料。笔者通过发放问卷对68名幼儿园新手教师进行调查，回收问卷63份，有效问卷61份，回收率为92.6%，有效率为96.8%。调查结果如表3-1所示。

基于研究，我们对符合幼儿园新手教师特征的共计61名教师进行了调查，统计结果显示：被调查的61人当中，女性幼儿园新手教师一共57名，占93.4%，男性幼儿园新手教师只有4名，这基本反映了我国男性幼儿园新手教师缺乏的现实情况。幼儿园新手教师所在幼儿园属公办园的有49人，占80.3%，所在幼儿园为普惠性幼儿园的有6人，占9.8%，其他幼儿园有6人，占9.8%。26名幼儿园新手教师执教时间在1年以下，占42.6%；执教时间在1—2年的幼儿园新手教师共有21人，占34.4%；执教2—3年的幼儿园新手教师有15人，占22.9%。调查新教师上岗前是否接受过培训的情况显示，有51名幼儿园新手教师接受过幼儿教学知识与技能培训，占83.6%；没有接受过幼儿教学知识与技能培训的有10人，占16.4%。被调查幼儿园新手教师接受的幼儿专业知识与技能培训时间为不到1个月的有43人，占70.5%；培训时间为1—3个月的有6人，占9.8%；3个月以上的共有12人，占19.7%。在所有的被调查对象中，接受语言知识及语言技能方面内容培训的教师有36人，占被调查教师的59.0%；接受教育理论培训的有43人，占被调查教师的70.5%；接受教学方法及技能培训的有44人，占被调查教师的72.1%；其他培训的占到19.7%。

表3-1　被调查对象的基本情况

幼儿园新手教师基本情况		人数	百分比
性别	女	57	93.4%
	男	4	6.6%
所在幼儿园	公办园	49	80.3%
	普惠性幼儿园	6	9.8%
	其他	6	9.8%
执教时间	1年以下	26	42.6%
	1—2年	21	34.4%
	2—3年	15	22.9%
上岗前，是否接受过幼儿教学知识与技能培训	是	51	83.6%
	否	10	16.4%
上岗前，所接受的幼儿专业知识与技能培训时间	不到1个月	43	70.5%
	1—3个月	6	9.8%
	3个月以上	12	19.7%
上岗前，接受的幼儿专业培训内容为	语言知识及语言技能	36	59.0%
	教育理论	43	70.5%
	教学方法及技能	44	72.1%
	其他	12	19.7%

二、被调查幼儿园新手教师的特征

综上所述，目前内蒙古A地区幼儿园新手教师队伍呈现以下特征。

（一）性别比例失衡

前述调查显示，被调查的61名幼儿园新手教师中只有4名是男性，呈现出较为严重的男女比例失衡。早在20世纪90年代，学者已经就我国教师男女比例失衡的问题进行了探讨，教师队伍性别结构失衡也为各个国家基础教育带来困扰，男女比例失衡的基础教育带来的负面影响也越来越明显，我们都清楚这种局面并不利于幼儿身心的全面发展。但事实是，尽管专家学者们呼吁，政府部门也相应地做了一些调整，直到今日，这种现象仍然没有大的改变。近几年的研究数据显示，幼儿园及小学阶段女性教师仍占80%以上。相对而言，幼儿园这种情况更为严重。与女性幼儿园教师相比，男性幼儿园教师在职业发展中具有自身的优势，对于幼儿素质提升也有着重要影响。然而由于种种因素，数量过少、分布极不均衡、流失率高成了男性幼儿园教师职业发展的整体现状。

幼儿阶段是个人发展的重要阶段，幼儿园新手教师的作用举足轻重。幼儿处于成长的关键时期，正是幼儿人格发展、思想形成、智力成长和心理品质养成的重要时期。在此过程中，幼儿园新手教师所扮演的角色尤为重要，时代不断向前发展，知识信息不断完善和更新，幼儿教育理论也在不断优化，人们对当前幼儿园教育的要求也在提高，幼儿园需要女性幼儿园教师，也需要男性幼儿园教师。性别比例合理的幼师结构有益于幼儿性格的全面发展，幼儿园教学的对象是幼儿，他们天性豁达、爽朗，需要女性幼儿园教师的细致、耐心，也需要男性幼儿园教师粗犷、豪迈性格的熏陶，所以在今后，幼儿园应适当增加男性幼儿园新手教师的比例，促进幼儿和谐健康地发展。

（二）公办及普惠性幼儿园教师居多

近年来，随着国家对学前教育的重视，学前师资队伍不断壮大，高等院校培养的学前教育专业本科生的数量也在逐年递增。特别是2010年以后，国家加大了对学前教育的投资力度，出台了一系列相关政策，要求地方政府在规定期限内扩大幼儿园办园数量，提高幼儿园教师的质量和水平，不断满足人们对学前教育质量和数量的要求。如2010年《国家中长期教育改革和发展规划纲要（2010—2020年）》把幼儿教育作为教育改革发展的重要任务进行规划部署，各地如火如荼地制定实施幼儿教育三年行动计划。与此同时，高等院校学前教育专业的培养目标也由原来的托幼机构管理者转变成幼儿园一线教师应用型人才。学前教育本科专业的学生在做职业规划和最后的择业选择时，一部分学生选择继续升学读硕士研究生，另一部分学生选择考取幼儿园教师岗位，这部分学生大多会选择考公办幼儿园或者教育主管部门管辖下的普惠性幼儿园。在我们调查的61名新教师中，有55人在公办园及普惠性幼儿园就业，仅有6人在其他幼儿园就业，这与幼儿园新手教师的职业前景规划和目标规划有一定的联系，同时也展现出A区在公办及普惠性幼儿园办园水平、办园质量、吸纳人才方面的优越程度。

（三）多数教师有岗前培训，培训时间较短

幼儿教育质量取决于师资的水平，教师是幼儿教育的直接开展者与责任者，对幼儿教育质量起着决定性作用。良好的幼儿师资能够调

动幼儿的积极性，提升幼儿教育的水平。与之前相比，现如今各地方政府要求幼儿园新手教师进行岗前培训活动。在调查中，当问到“上岗前您是否接受过幼儿教学知识与技能的培训”时，有51人表示接受过相应的培训，10人表示没有接受过相应的培训，接受过培训的教师占到了83.6%。

从以上调查数据可以看出，83.6%以上的幼儿园新手教师接受过幼儿教学知识和技能的相关培训。我们还发现这部分教师基本是公办幼儿园及普惠幼儿园的新任教师，而没有接受过培训的往往是其他幼儿园的教师。就上岗前幼儿园新手教师接受的幼儿专业知识与技能培训的时间来说，有43人培训时间不到1个月，培训时间1—3个月的有6人。可以看出新任教师接受培训的时间往往比较短，大部分不到1个月，在培训内容上主要包括基本知识、教学技能、教育理论和教学方法等方面，这些内容占据幼儿园新手教师入职培训的主体。

第二节 幼儿园新手教师教学能力现状

一、幼儿园新手教师教学设计认知能力

教师认知能力是教师对外在教育现象进行加工、存储和提取，把握教育现象中各个客体之间的关系、教育发展的方向和规律等的能力，涉及一名教师感知、注意、记忆、想象、思维的参与，这些能力共同构成了教师的认知能力。而教学设计指的是教师依据相关学科的标准要求，以及教育对象的身心发展规律和特点，为了将教学中各个要素合理、有序、科学地安排起来，所做的对教学方案的设想和计划。教师对教学活动设计的认知能力，主要体现在对我国学前教育政

策标准要求的掌握和认知程度。了解幼儿的年龄特征和发展特点，判断班级幼儿现有的学习水平和发展潜能，能够根据幼儿身心发展的规律和特点，正确判断幼儿的学习需求，能够把握教学的重点和难点，在教学活动中能够及时去预见幼儿的焦虑、紧张、急躁、恐慌等心理问题。

（一）对学前教育政策文件的掌握和认知

教育主管部门每年都会对幼儿园新手教师进行岗前培训。学前教育政策是培训的主要内容之一，希望教师能通过理解和掌握国家的学前教育政策，了解幼儿园教师应该遵守的职业行为规范，从而提高环境创设、一日活动组织管理、游戏的活动支持和引导、沟通合作等方面的能力。

调查发现，对于《幼儿园教育指导纲要（试行）》等学前教育政策文件，有72.13%的幼儿园新手教师比较清楚，18.03%的幼儿园新手教师非常清楚，只有9.84%的幼儿园新手教师对于学前教育政策文件不太清楚。调查数据显示，绝大部分教师都进行过对学前教育政策文件的学习，对《3—6岁儿童学习与发展指南》《幼儿园教师专业标准（试行）》等政策性文件内容进行过解读，这为他们后期进行教学活动设计奠定了很好的基础。访谈中我们也了解到，他们在大学期间就已经学习了学前教育政策文件，入职考试之后，各地方教育主管部门也会组织学习学前教育政策文件的相关培训。因此，幼儿园新手教师对我国的学前教育政策相对比较了解。为了更好地掌握幼儿园新手教师对学前政策的了解程度，我们对幼儿园新手教师所在园的其他教师进行了访谈，特别是与新手教师“结对子”、助新手教师专业能力提升的“老带新”教师。在访谈中，有丰富经验的老教师反馈，新手教师因为在大学期间学过相应的学前教育政策，并且在入职考试之前也强化过学习，因此对我国学前教育政策有一定的了解，但是对教育政策详细的条款或某些条款真正的含义把握不透。在教学过程中无法做到将学前教育政策与实际教学活动相连接，只死记硬背条款的人不在少数。还有一部分新手教师书写任何文件，都会想到用政策去支撑，但并不知道该如何用政策去支撑。从这一点我们发现，幼儿园新手教师虽然相对比较了解学前教育政策，但对学前教育相关政策的理解程度并不是很高。

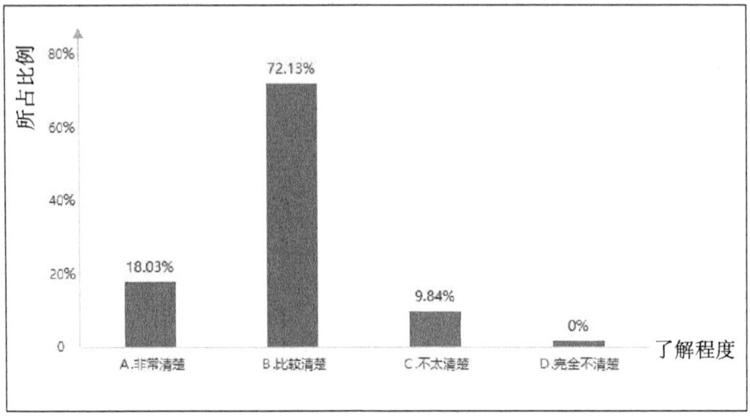

图 3-1　被调查教师对学前教育政策的了解情况

（二）对幼儿学习发展的认知

现代儿童观认为，在学习活动中儿童是主体，儿童的原有知识经验是活动设计和完成的重要基础。一名合格的幼儿园教师首先要能够判断幼儿现有的发展水平及发展潜能，明白班级幼儿学习发展的需求，为幼儿创设宽松自由的学习环境，选择适合幼儿成长的材料和教学方法，为幼儿提供支架式服务，从而让幼儿在原有学习经验的基础之上获得更多的成长。

为了了解幼儿园新手教师能否根据每个幼儿的年龄特点和发展特征，来正确判断他们现有的学习水平和发展潜能，并且是否能够根据幼儿身心发展的特征，正确判断每名幼儿的学习需要，我们做了相关的调查。调查结果如图3-2所示，80.33%的被调查幼儿园新手教师认为自己能够根据幼儿的身心发展特点来判断他们现有的学习水平，并能够根据幼儿的年龄特点做正确的幼儿学习需要判断；不能正确判断幼儿水平和潜能的幼儿园新手教师占4.92%；14.75%的幼儿园新手教师认为自己对幼儿的学习水平和发展潜能掌握得非常好。在实际的教学观察过程中，我们也确实发现大部分幼儿园新手教师能够相对正确地判断幼儿的身心发展需求，并由此来做教学活动设计。13.11%的教师认为自己完全能够正确判断幼儿的学习需要，80.33%的教师认为自己能够比较正确地判断幼儿的学习需要，6.56%的教师认为不太能做到。

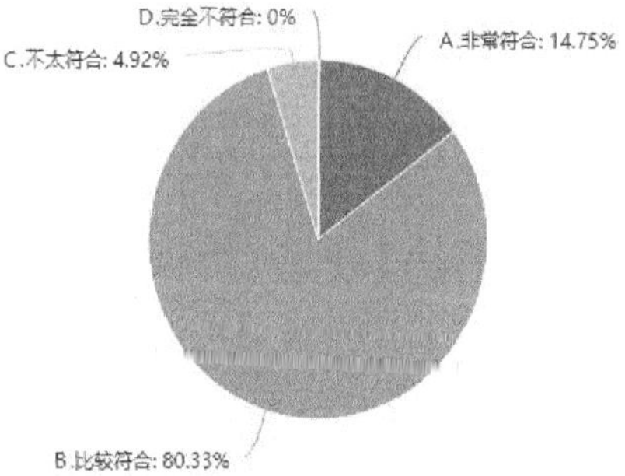

a. 教师正确判断幼儿水平和潜能情况

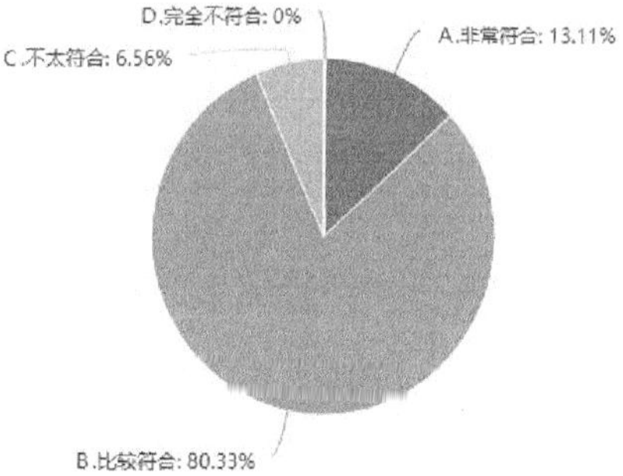

b. 教师正确判断幼儿学习需要情况

图3-2　被调查教师对幼儿学习发展的认知

（三）对教学情况的把握能力

能较好地把握教学的重难点，是教学活动目标实现的重要标志。我们对幼儿园新手教师把握教学重难点的情况也进行了调查，结果如图3-3所示。在调研中我们发现，80.33%的被调查新手教师认为自己比较能够把握教学重难点，14.75%的被调查新手教师认为自己完全能够把握教学重难点，4.92%的被调查新手教师表示自己不太能把握教学重难点。为了更好地呈现幼儿园新手教师对教学重难点的把握程度，我们也进行了相应的课堂教学跟随。我们发现，幼儿园新手教师在进行教学活动设计以及备课过程中，比较清楚一次教学活动的教学难点和重点在哪里。但由于教学经验相对欠缺，因此在实施教学活动过程中，把握教学难点、突出教学重点的能力相对较弱，出现理念上能够较好地把握难点和突出重点，在实践过程中却很难实施的现象。这说明幼儿园新手教师非常关注教学重点和难点，也认为教学的重点和难点是教学目标实现的重要标志，但在实际实施过程当中却往往无法做到。

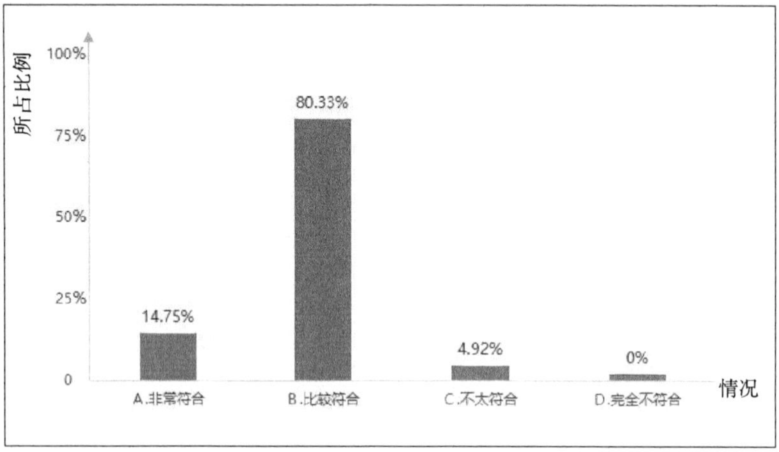

图3-3　被调查教师把握教学重难点的情况

（四）预见幼儿心理问题的能力

对幼儿园新手教师及时预见幼儿心理问题的情况进行调查，结果如图3–4所示。调查发现：在被调查的61名幼儿园新手教师中，有16.39%的幼儿园新手教师认为自己能够及时预见幼儿出现的焦虑、紧张、急躁、恐慌等心理问题，72.13%的幼儿园新手教师认为当幼儿出现心理问题的时候，自己基本上能够感受得到并且能够对幼儿最基础的心理问题进行相应的预见，11.48%的幼儿园新手教师认为自己不能预见幼儿的心理问题。

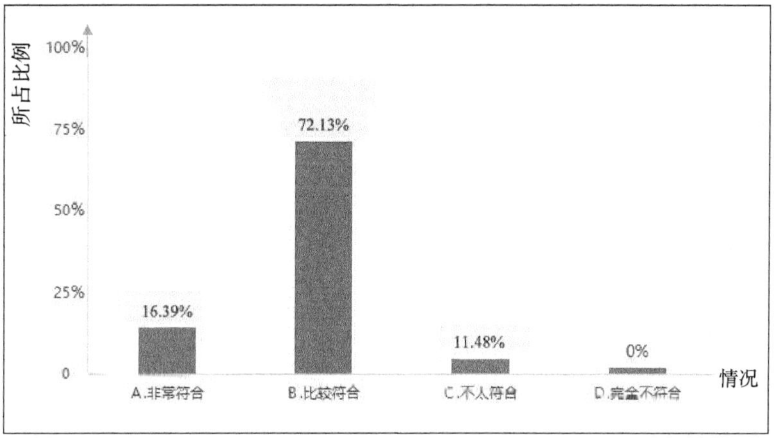

图3-4　被调查教师及时预见幼儿心理问题的情况

（五）小结

1.幼儿园新手教师教学认知理念整体水平较高

幼儿园新手教师教学认知能力是以整个教学系统为对象，对教学目标、幼儿发展特点、教学重难点的把握等进行分析判断的能力。通过调研我们发现，幼儿园新手教师对学前教育政策文件的掌握和认知，对幼儿学习发展的认知，对教学过程中教学重难点的把握，以及预见幼儿在日常活动中心理问题的能力相对较强，比如有高达72.13%的幼儿园新手教师，对学前教育政策比较清楚，他们熟悉《幼儿园教育指导纲要（试行）》《幼儿园工作规程》，这得益于他们4年本科专业知识的学习。80.33%的幼儿园新手教师认为自己能够根据幼儿身心发展的规律来判断他们现有的学习水平，并且能够了解到班级幼儿的真实需要，开展有目的、有针对性的教学。80.33%的幼儿园新手教师认为自己能够把握教学活动的重难点，72.13%的幼儿园新手教师认为自己能够及时预见幼儿的心理问题。通过调研的数据和教师的反馈结果，我们发现大部分教师对教学活动充满信心，他们认为自己对教育理念以及幼儿的把握相对较好，认为自己能够在教学过程中把握教学过程，完成教学目标，引导幼儿得到能力提升。被调查幼儿园新手教师教学认知理念比较正确，知道教学认知能力直接影响教学的质量，懂得一名教师应该能够分析和理解教学目标，全面了解和认识幼儿，洞察教学活动重难点。新手教师对教学的认知具有全面性，在学习和实践上表现得积极主动，也能尽量地做到教学反思，从而采取有效的策略来将自己的认知理念付诸幼儿园教学实践活动。

2.幼儿园新手教师教学认知实践能力有待提高

通过调研我们了解到，新手教师教学认知的整体水平较高，但作为缺乏经验的新手教师，在具体实践中却很难将一些正确理念恰当地应用于实践。比如在调查中，新手教师对学前教育政策的了解程度、对幼儿学习发展的认知、对教学重难点的把握，以及预见幼儿心理问题的情况，每个方面都有70%以上的新手教师认为自己能够做到。但当我们一对一访谈或者直接观察幼儿园新手教师的教学活动时发现，新手教师对政策的领会相对比较浅显，对幼儿学习发展的认知，比如根据幼儿身心发展的特征进行教学活动设计，以及深刻了解幼儿学习发展需要及现有水平，提供支架进行课程设置等方面，大部分新手教师都不能够较好地完成。对于教学活动的把握情况同样如此，很多教师刚入职一年，只能按照教案的教学活动程序完成教学活动，在进行教学活动之前非常了解自己的教学重难点，但未落实到教学活动实施过程中，往往反思时发现自己并没有运用恰当的方式和教学过程来完成重难点的教学。同时由于工作繁多，新手教师没有更多时间来了解幼儿，只有当幼儿出现了紧张、急躁、恐慌等不良表现时，新手教师才有可能发现，他们会在第一时间去解决，但是解决的方式往往并不是很恰当。

综上所述，本科毕业的幼儿园新手教师在专业理论基础知识掌握以及专业自信方面较好，但要将在校期间学到的专业理论基础知识运用到幼儿园教学实践，还需要一个过程，并且需要掌握技巧。其理论转化成实践的能力还有待提升。

二、幼儿园新手教师教学设计能力

开展幼儿教学之前，教师必须预先筹划精细的幼儿教学蓝图，在全面吃透幼儿教育基本理论及准确分析《幼儿园教育指导纲要（试行）》的前提下，将幼儿教学看成一个完整有序的系统，有计划地优化教学的目标、内容、方法等各要素之间的关系，使各要素发挥自己的作用。为了有效地进行教学，幼儿园新手教师还应当具备对幼儿教学目标的把握能力、幼儿教学内容的选择能力、幼儿教学方法手段的选用能力、教案的编写能力，处理、组织和传授幼儿专业知识的能力，这样才能更好地进行教学设计。

（一）教学目标的确定及设计能力

幼儿园教学目标是幼儿园活动的指南针。在教学过程中，教学目标具有导向、激励、评价等重要作用，所有的教学活动都以目标为导向，并且围绕着教学目标而进行。在制订目标时，教师要考虑目标的全面性、适切性和可操作性。幼儿园教学目标既要符合幼儿的年龄特点和班级实际，又要联系幼儿的已有经验，还需具有一定的挑战性。幼儿园教育目标要以《幼儿园工作规程》和《幼儿园教育指导纲要（试行）》中规定的各领域的目标为指导，结合本班幼儿的发展水平、经验和需要来制订。

幼儿教学目标是幼儿教学活动的核心和灵魂，它具有导向、调控、激励、评价等诸多功能，规范着幼儿教学活动的运作。因此，幼儿园新手教师的教学目标定位及分析能力就显得尤为重要，幼儿园新手教师要能从“教学大纲”及幼儿等多层维度出发，准确确定和分析教学目标。各个幼儿园会根据自身实际情况制订教学大纲，在大纲中有教学目标的呈现，这些目标多数体现的是幼儿园的整体性目标，目标大，缺乏操作性，这些目标的实现需要教师通过多项活动累积来完成和达到。我们在调研过程中发现，部分幼儿园新手教师在制订年度计划、学期计划、月计划以及周计划时，都会结合自身的实际情况、本班级幼儿的实际需求和发展水平，制订一些班级的学期教学目标、月教学目标，以达到促进幼儿全面发展的目的。比如，我们书中后面涉及的一些案例，就是某些教师制订周计划当中对教学目标的阐述。其中有些目标是某一领域的重点单项目标，有些是整体促进幼儿成长的目标。幼儿园都会结合幼儿教学的实际，编制一些符合幼儿身心发展特点的教材和目标能力材料，以备在以后的幼儿教学过程当中更好地促进幼儿的成长。

大部分被调查幼儿园新手教师都知道，幼儿园教学的目标应该包括认知目标、技能目标和情感目标。也有一部分幼儿园新手教师认为幼儿园教学的目标包括知识与技能，过程与方法，情感态度与价值观三维目标。从调查中我们发现，幼儿园新手教师对幼儿教学目标维度的认识相对比较清晰，但在具体的实践过程当中，却很难把握知识与技能目标到底是什么，特别是在过程与方法、情感态度与价值观目标方面，在表述上和具体操作完成过程中存在一定的差距。设计适当适宜的教学目标，对教学任务的完成以及幼儿能力的提升有至关重要的作用。幼儿园新手教师进行教学时，教学目标需要自己设计，这有一定的难度。有些教师能够结合本班幼儿的实际、自身教学的特点、幼儿教学的特征来设计比较恰当的目标，而有一部分教师则在教学过程中，不能够恰当地去设定幼儿教学的目标。比如我们接下来的这位教师在教学目标设定方面就缺少一些经验。

活动名称：我是小警察（综合活动）

活动目标：1.培养探索精神。

2.了解外出时要把门窗关好并且上锁。

3.初步理解句子的含义。

4.在日常生活中正确使用关上、锁上等相近词语。

5.培养想办法解决问题的能力。

6.单词发音正确并且理解含义。

在这次“我是小警察”的幼儿教学活动中，幼儿园新手教师设计了6个教学目标。从目标设计取向来看，1、5属生成性目标，2、3、4、6属行为目标，整体来说，幼儿园新手教师设计教学目标时考虑比较全面。但是这么多目标对幼儿来说显然是有难度的，一次教学活动所能达到的目标不可能有这么多。认真思考后就会发现，首先，这6个目标的表述角度并不统一，目标1培养探索精神、目标5培养想办法解决问题的能力，是从教师角度出发的，而目标2了解外出时要把门窗关好并且上锁、目标3初步理解句子的含义、目标4在日常生活中正确使用门、窗、锁、钥匙等词语，是从幼儿角度出发的。其次，本例中教学目标虽多，但主要是固定的罗列堆积，只关注了教学目标的“量”，而没有关注教学目标的“质”，缺乏对教学目标的设计整合。最后，知识、技能、情感目标表述不够清晰，交叉混淆。

（二）幼儿教学内容的选择能力

“教学内容，系指教学过程中同师生发生交互作用、服务于教学目的达成的动态生成的素材及信息”[①]，主要是指教和学互动过程中为了达到一定目的而传递的有益信息，一般包括教材和课程等。教学内容是幼儿园新手教师实现教学目标的重要媒介，合理确定教学内容是指我们能够合理地确定所选教学内容的广度和深度，能够明确整个幼儿教学的侧重点和难点。那么什么样的教学内容更适合我们的教学目标的实现呢？选择哪些知识内容进入幼儿园教学实践，一直以来都存在争议。有些人认为使幼儿更聪明的课程、对个体发展价值大的内容是最合适的，也有人认为教学内容的选择应该具有实用价值，可以支撑幼儿的社会生活。我们认为，好的课程内容，首先，应该实用性和发展性相统一，既能在社会生活中使用，又能促进个体的发展。其次，课程内容的选择要兼具科学性和生活性，课程内容要有一定的学科知识体系，要符合科学规律，同时也要符合幼儿的生活实际，能够解决幼儿生活中需要解决的问题。实际的幼儿园教学活动没有固定的教学内容，教学内容主要依靠教师自主筛选，通常情况下教学内容的筛选需要考虑很多因素，兼顾幼儿、幼儿园、社会等各方面的需要，以保证幼儿教学内容的科学性和多元性；兼顾幼儿的语言及认知发展水平，幼儿园的教学资源、教学理念及发展规划，还有对幼儿教育人才的社会需求等，来保证幼儿教学内容的科学性和有效性。

幼儿园给了教师足够的自由，教师可以根据实际情况调整或者选择自己的教学内容，也就是说教师的自主性很高，通常可以自由选择所要教授的内容。这种方式对于老教师来说非常有利，教师可以选择的教学内容极其丰富，歌舞、习俗、禁忌、工艺、饮食、服饰等，涉及科学、社会、健康、语言、艺术等各个领域。而对于新手教师来说，却是很有难度的事情，由于缺少经验，大部分新手教师担心自己选择的课程是否妥当，最初进行教学活动时都需要不断试课。大部分

① 李臣之.论教学内容创生:规定性要素及基本路径[J].课程·教材·教法,2007(2):3-9.

的幼儿园新手教师的教学内容来源于幼儿园定制的幼儿园教学参考书，甚至有部分教师完全不进行选择直接按照教学参考书的顺序进行教学，不顾及幼儿的发展需要和其他方面，只是把教学任务完成。

实话说，虽然在读大学的时候参加过师范生的技能赛，面试之前自己也讲过很多幼儿园课程，但真正走到教学活动实践中面对着小朋友时，真的是另外一回事儿。我考虑不到进行教学活动之前我要为小朋友们设计什么内容，因为有一些我也不会，所以我通常都是按照幼儿园提供的教学参考书，教学参考书中有详细的教案，我就按照教案把教学活动进行下去，一点一点熟悉，我想再过几年我应该可以摆脱这种困境。

——摘自教师F的访谈

我觉得现在的幼儿跟以前的幼儿有了很大的不同，他们的学习方式、原有知识经验都发生了变化。其实，在进行教学活动之前，我会思考很多，比如应该选择什么样的教学内容来进行教学活动呢？我如何去设计一些教学活动内容，才能符合儿童的身心发展特点呢？怎么能让他们喜欢这一节课？但我刚入职一两年，我还只是停留在想的阶段，在实际的行动中，我基本上处在了解幼儿园的一日常规教学活动、按部就班进行工作的状态，其实是根本做不到去重新设计和选择教学活动的，只能参考幼儿园的教学参考书，我知道这样不对，但是我个人觉得教学设计不是凭空想象出来的，新手幼儿园教师估计都是这样。

——摘自教师B的访谈

我们发现，幼儿园新手教师因为学历层次较高，在本科阶段接受了4年系统的学前教育理论和实践的学习，在教育理念上比较先进。但对于新入职的幼儿园教师来说，由于他们忙于熟悉幼儿园的常规工作，缺乏相应的实践经验，因此在实践教学过程中，尽管认为教学内容应该选择和设计，但往往力不从心，不能完全做到。

（三）幼儿教学方法、手段的选择能力

幼儿园的教育对象是3—6岁的幼儿，这一阶段的幼儿认知水平比较低，有其自身独特的学习特点，因此，虽然我们有“教学有法，但无定法，贵在得法”的说法，但是确实没有一种教学方法能适用于所有幼儿，尤其从幼儿教学来看，更是不存在有效的“万能”教学方法来引导和教育幼儿。因此，我们要在前人研究的基础上，将一些耳熟能详且实践价值高的教学方法进行整合，比如“对话教学法”“任务教学法”，以最少的教学时间实现最好的教学效果，达到优化教学方法的目的，从而提升整体教学水平。同时，幼儿园新手教师还应能够熟练运用各种教学手段进行幼儿教学设计，幼儿园新手教师要能创设良好的语言环境，利用现代信息技术，开发和使用相关软件，使用人工智能，为幼儿创设学习情境，根据幼儿的不同特点和需求，进行认知引导和智能辅导。同时，教师也可以利用互联网平台与家庭共育，让幼儿随时随地以适合自己的方式进行学习，这样不仅能够拓展学习空间，还能激发幼儿学习的主动性和积极性。

幼儿园新手教师运用的幼儿教学方法较多，本书中没有一一列举，只对几种常用的教学方法进行了调查。被访谈教师谈到，由于所选的教学内容几乎都是与日常生活紧密结合的，因此教师会选择一些比较适用的教学方法。“实物教学法”让幼儿获得真实的、直观的感性知识，“游戏教学法”使幼儿置身于现实情景当中，有利于幼儿的学习。72.13%的幼儿园新手教师会因地制宜地选择游戏，26.23%的新手教师认为运用游戏教学比较困难。使教师们运用恰当的教学方法进行教学是幼儿园工作的重点。幼儿园经常就采用什么样的教学方法

更利于幼儿的学习进行研讨是可喜的做法。但理想与现实有一定差距，实际教学过程中不免会有教师为了应付幼儿园里的检查工作，运用死记硬背的方式让幼儿学习知识，忽视幼儿身心发展的规律。

在众多教学手段中，教师使用频率最高的是电教设备，共有34人选择，占总体的55%；成品或自制玩具，占18%；图片和实物分别占12%和12%；采用教学模型的最少，占3%。总体来看，幼儿园新手教师教学手段比较丰富，但是各种教学手段运用频率差距较大。笔者在观察中也发现，多媒体几乎是每位教师进行幼儿教学的首选，在教师的活动准备当中都会看到它们的影子。表3–2是笔者观察到的幼儿教学活动中教学手段的运用情况。

一些图片是园中制作好的，用起来方便，实物就更不用说了，像沙包、奶酪等实物幼儿和教师家中都有，教师随时可以拿来进行教学，不仅直观而且幼儿熟悉。教师E说："我一般用图片，因为相对比较简单，我们幼儿教学本就任务繁重，自己琢磨教具实在是没时间，再有就是用实物的老师比较多，既直观又有利于实现家园共育。"笔者在班级中也看到了很多师生共同制作的幼儿教学模型和教具，丰富的实物教具也被教师投放进环境创设和活动区，但模型使用较少。

表3-2 幼儿园新手教师教学手段运用情况

领域	活动名称	教学手段运用情况
科学	神奇的纸杯	纸杯、纸张、胶棒、视频
语言	好饿的毛毛虫	绘本、PPT
健康	好玩的纸箱	纸箱、胶带、音乐
艺术	"纸花"开了	不同材质的纸、盆、染料、PPT
社会	黑色的世界	交通指示牌、音乐、PPT

在教学手段中，运用最多的是电教设备。时代不断进步，现代教育技术也在不断革新。在此背景之下，多媒体辅助教学逐渐兴起，多

媒体辅助幼儿园教学的过程具有独特优势。幼儿是幼儿园教师教学的主体，教学目的、教学内容、教学方法、教学手段的选择都应该以幼儿为主体，尊重幼儿的年龄特点和需要。多媒体教学能够将抽象的知识转变为可知、可感、可见的具体情景，使幼儿在具体、生动的教学情景中进行学习和游戏。但是，幼儿园新手教师使用电教设备的同时也产生了很多问题，究其原因有：首先，多媒体软件设置存在问题。通过多媒体，可以获得大量的信息，无论是教学图片，还是教学课件，都可以通过不同的软件购买到或者直接使用。在幼儿园辅助教学的过程中，大多数教师为了便捷，会选择直接连接网络播放图片或者课件，但是在连接网络的状态下，伴随着网页会弹出大大小小不同的链接，这些链接中不乏不良广告，如果在使用前期，由技术人员进行相关设置，可以适当减少此类不良信息，但是在幼儿园，相关技术人才缺乏，在多媒体的设置上存在较多问题，例如某些弹出广告存在用词用语不当问题，甚至直接弹出不良广告，对幼儿的发展不利，因此部分教师不愿意使用。其次，教师操作技能缺乏。想要充分发挥多媒体辅助教学的优势，需要教师会使用一些图像处理、幻灯片制作等专业软件。教学过程中教师能够结合幼儿的特性，制订符合幼儿的教学策略，恰当地使用多媒体辅助教学，达到教学效果最大化。但教师们显然操作多媒体的技能相对欠缺，特别是在进行幼儿教学时，比如有些教师最基本的插入视频的操作都不熟练。最后，一部分教师认为做多媒体课件及动画会花费很多时间，因为需要同时花费更多的时间来思考和处理每一次教学活动内容的选择、方法的使用。由于缺乏学习技术的时间和精力，幼儿园新手教师多媒体运用能力提升有了一定的限制。

（四）幼儿教案编写的能力

教案是课堂教学的底本，随着现代信息技术的快速发展及广泛应用，更多教师开始选择计算机多媒体等一系列电子信息设备进行教学。特别是近些年，一些非师范类的高学历人群任职任教，他们在科研方面能力较强，但是教学能力和水平往往不是特别高。由于PPT更加直观，动画和图片等更容易吸引幼儿的注意力，这使得很多教师教学时，往往更倾向于准备课件，而忽略甚至是不进行教案的编写。从某种程度上来说，现在的很多幼儿园新手教师其实并没有认识到教案对于教学开展的重要价值和意义。教案是提高一个人教学能力的关键，因为一个思路清晰、内容简明又具体的教案，是课堂教学的牵引，对于幼儿园新手教师来说，教案的编写更为重要。

教案的编写是将讲述知识转化为实践知识的实现途径。通常情况下，教学活动是先要读懂你教授的知识，接着才能将知识传授给幼儿，而教案是连接这两个步骤的关键。教师如果想读懂自己所要讲授的知识，首先，要了解自己教授知识的目标是什么，重点和难点是什么，这些都应该归纳总结在自己的教案中，然后按照教案所设计的步骤和描述，将知识点有序地在文本当中呈现。其次，幼儿教学教案可以保证幼儿园新手教师教学过程的秩序性和计划性。教师在编写教案之前需要阅读大量文献，参考大量资料，同时要对自己的教学进行精心设计和规划，将自己的教学目标、实现的方法，统一呈现在教案当中，反复琢磨。从这种意义上来说，教案设计质量的高低其实就是一次幼儿教学活动组织成败的关键，特别是一些刚入职的年轻教师，对于教学内容往往还不熟悉，如果有了教案作为蓝本，教师就可以借助教案来进行教学。最后，教案的编写也是教师教学能力提升的重要方式。编写教案不仅可以提供课堂教学的参照，还可以锻炼幼儿园新手教师的写作能力，在搜集资料的过程中还可以提高教师的学术素养。调查中有54.1%的幼儿园新手教师感觉设计和创编教案比较容易，36%的幼儿园新手教师感觉设计和创编教案不太容易，8.2%的幼儿园新手教师感觉设计和创编教案非常容易，有1名幼儿园新手教师感觉设计和创编教案非常不容易。教案的编写是幼儿园新手教师教学设计能力的基本体现，设计得当，才能够实施合理，因为设计出来的教学活动方案是幼儿园教师开展教学的蓝本。

如图3-5所示，大部分幼儿园新手教师能根据实际需要采用或详或简的形式编写教案。幼儿园新手教师们认为按既定的教案去教学不一定就是最好的，随机生成的教学也许更利于幼儿的学习。的确，有时候我们太过于注重教学目标而按照固定步骤去实施某种教学太过于固定，不够灵活。但是，教案记录存档的功能不能泯灭，随时生成的精彩活动也需记录，否则时间久了也会忘记，这对于幼儿教学来说必然是一种损失。再者，教案的编写也是一种能力的锻炼，经常不写，也会影响能力的提升。

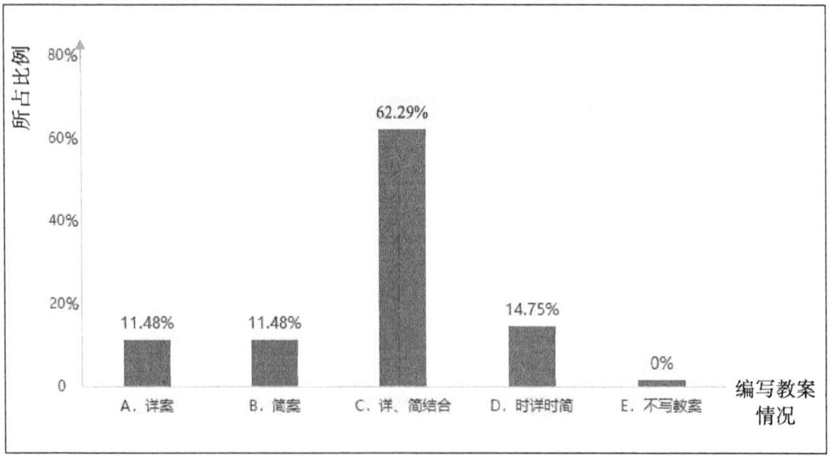

图3-5　被调查教师编写教案情况

调查过程中我们也看了部分教师的教案，教案思路清晰、环环相扣、语言得体、字迹工整，教案编写能力较强。在一段时间的磨炼和思考中，部分幼儿园新手教师已经基本具备了独立并且较为恰当地书写教案的能力。

关于“对于教案的设计我已经形成了自己的风格”的调查结果，如图3-6所示，有32.8%的幼儿园新手教师表示同意，14.75%的幼儿园新手教师表示非常同意，37.7%的幼儿园新手教师表示不知道，13.11%的幼儿园新手教师表示不同意，1.64%的幼儿园新手教师表示很不同意。虽然有近一半的幼儿园新手教师认为自己能够编写体现个人风格的教案，但还是有大部分幼儿园新手教师表示不知道或者不能够编写具有个人风格的教案。一位年轻教师说：“教案看起来容易，实际上是很难的，我们一般编写教案都是根据教学参考书的思路进行编写的，很难有自己的风格，只有幼儿教龄长的老教师才能形成有自己特色的教案，这些教案通常很有代表性，既能传承文化又特别有趣，我们离那类教案设计还有一段距离。我们也是自己写教案，但总体水平还要提高。”

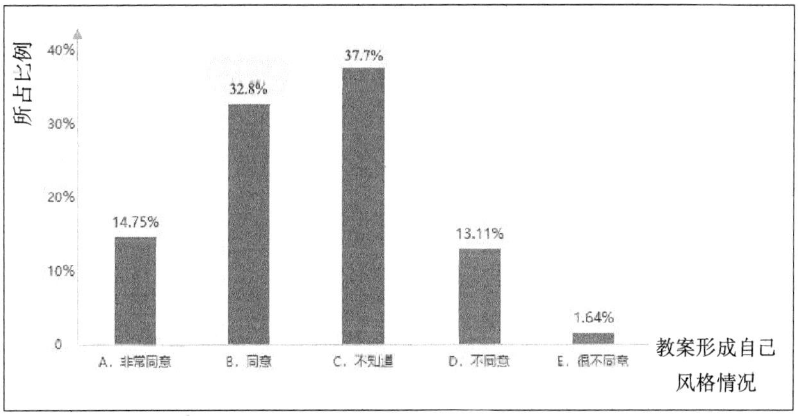

图3-6　“对于教案的设计我已经形成了自己的风格”的情况

在实际调研过程中我们发现，部分幼儿园新手教师编写教案存在一定问题，个别教师对教案编写并不是很重视，他们认为幼儿教育本身就是随机的，所以可以随机生成一些课程，没有必要去编写教案按照教案来实施。还有部分幼儿园新手教师在实际操作过程当中存在一些误区，比如部分幼儿园新手教师基本只是誊写教学参考书上给我们呈现的教案，没有自己的内容。实际上，教案编写本身应该有教师自身的特点和系统性，要结合幼儿的特点以及教学内容的特征等来系统性地编写教案。另外，还有一部分教师在编写教案过程中，对教案步骤之间的相互关系的整理不是十分清晰，比如对教学时间的把握，教学目标的设定，教学重难点的体现，以及教学方法的使用效果，等等，整体结构把握上有所欠缺。另外，我们在调研过程中发现，一部分教师认为自己能够编写出有特色的教案，但实际编写出来的教案有特色的并不是很多。

（五）小结

1.部分幼儿园新手教师设计幼儿教学目标的能力欠缺

调查发现，幼儿园新手教师对幼儿教学目标的理解还是比较全面的。之所以在目标设计的过程中出现罗列的现象，主要有两个方面的原因：一是幼儿教学除认知、社会性等目标外，还有幼儿语言学习和多元文化教育目标。教师E说："幼儿教学目标要求多，每次准备活动时就怕落下哪个方面，所以就都写上了，有时候老师们也感觉挺乱的，但是总感觉乱比少了强。"我们能够看出，教师学习的意识明显很强，但相应的知识和能力有所欠缺。二是幼儿园新手教师缺少教学目标设计的相关知识，没能很好地遵循目标设计的全面性、整体性、具体化、操作性、适度性等原则及目标表述的基本要求，希望幼儿园以后能加强这方面的培训。

2.幼儿教学手段的运用存在"虚假现象"，缺乏创新

在前面的调查中，幼儿园新手教师对各种教学方法、手段的选择

比例都比较高。但实际观察发现，他们往往选择比较简单的教学手段，那些有难度的和创新的教学手段在日常的幼儿教学活动中极少被运用，只有在观摩课时“现身”。如运用多媒体手段的幼儿园新手教师虽然比较多，但是基本都是网上拷贝。教师们一般也很少主动开发或借用其他幼儿教学方法，这些都需要引起幼儿园的注意，需完善幼儿教学方法及手段。

3.部分幼儿园新手教师编写教案的能力有待提高

部分幼儿园新手教师编写教案的意识不强，不重视编写教案对教学活动的指导意义，不能理解幼儿编写教案对幼儿教学活动顺利开展的重要价值。还有部分幼儿园新手教师编写教案的能力有待提高，比如存在对编写教案的意义、教案在教学活动中的使用技巧、教案中每一部分内容呈现的专业性及简洁性等认识不够清晰等问题，需要在以后的培训中加以解决。

三、幼儿园新手教师教学实施能力

（一）幼儿教学环境创设的能力

《幼儿园教育指导纲要（试行）》明确指出，环境是重要的教育资源，应通过环境的创设和利用，有效地促进幼儿的发展。布卢姆也曾提出，教学环境是一种能够塑造和强化学生行为的重要力量。因此，我们应该创设良好的幼儿教学环境，使其对幼儿学习产生深刻的促进作用。作为幼儿园新手教师，应该具备创设良好幼儿教学环境的能力。创设良好的环境是幼儿教育的基础，主要包括物质环境和心理环境。在幼儿园的班级中，教师要能为幼儿创设丰富的幼儿学习环境，能合理利用幼儿园的资源，比如在区角环境创设中，投放丰富的材料，借用恰当的呈现方式，让幼儿在接触环境过程中隐性学习。幼儿认知有其独特特点，他们的记忆能力和接受能力相对来说比较差，在接受新知识的时候需要多巩固才能得以记忆，因此利用有隐性价值的外在环境创设，在日常生活中多次渗透，可以起到事半功倍的效果。另外，为了让幼儿更好成长，作为教师，更应该创设良好的精神环境，让幼儿愿意在没有压力、轻松自由的环境当中与人交流，营造一种良好的心理环境氛围，让幼儿在幼儿园的场域当中，敢于、乐于表达自己内心的想法。

调查数据显示，幼儿园新手教师都进行幼儿环境的布置，72.13%的幼儿园新手教师认为创设符合幼儿需要的安全、自由、温馨的心理环境比较容易，13.11%的幼儿园新手教师认为非常容易，14.75%的幼儿园新手教师认为比较难。63.93%的幼儿园新手教师认为设计与布置具有教育性和实用性的学习环境比较容易，14.75%的幼儿园新手教师认为设计与布置具有教育性和实用性的学习环境非常容易，21.31%的幼儿园新手教师认为设计与布置具有教育性和实用性的学习环境不太容易。通过实地观察笔者也发现，新手教师环境创设的能力很强。首先，拿物质环境的创设来说，幼儿园新手教师能够根据幼儿发展的需要及时进行环境创设并且根据活动主题定期进行环境更新。一位幼儿园新手教师在国庆期间创设了主题活动“祖国！您的生日”，并根据主题活动创设相应幼儿环境。如，教学计划展示栏“我们的教学计划”、活动区“爱我中华，爱我内蒙古”等，通过创设的环境来启发幼儿，使幼儿在潜移默化中接受多元文化教育。

在环境创设中，蕴含着丰富的幼儿教育内容。因为在创设的过程中教师考虑了幼儿的因素，所以在教学计划展示栏上描述展现教学计划，让幼儿知道：中国是自己的祖国，自己是中国的一部分，在这里文化是交融的。访谈中幼儿园新手教师谈到，为了让幼儿更好地受到熏陶，这些环境创设都是教师与幼儿共同完成的，有些环境创设的图案是幼儿用自己的绘画作品拼做而成的。在制作和布置过程中，幼儿能力得到了提高。这些墙饰并不是摆设，教师经常运用它进行教学活动。除墙饰外，教师还会根据主题创设相应的活动区，活动区里是幼儿制作的各种手工，旁边是“爱我中华”的字样。教师会和幼儿一同进入活动区进行游戏，吸取中华文化的丰富营养，增强文化自信。此外，教师还在教室创设图书角，供幼儿阅读；在盥洗室创设幼儿环保区，增强幼儿环保意识的同时，促进幼儿文化知识的积累。

当你踏进班级时，你就能感觉到师幼和谐的互动场面，那种师幼和谐的场面让谁看了都会为之动容，为之感叹，他们是如何做到的呢？一位幼儿园新手教师在自己的报告中写道：“我们班上一位小朋友，一次他感冒了，坚持要到户外活动。到了户外，他就开始流鼻涕，我拿纸帮他擦了。户外活动结束后，大家一起回到了活动室，我想坐下，眼睛正四处找椅子，他快速把小椅子放在了我身边，说：‘老师，你坐。’一件件与幼儿们发生的小事，让我深深地感受到了一种深情。让我在关心别人的同时也被关心着。这是何等的幸福！我们还有什么理由不努力工作呢！”我们能够感觉到幼儿园新手教师在尽力地为幼儿创设一种轻松和谐的幼儿环境。访谈中得知，幼儿园新手教师认为，首先要避免特别复杂的环境，帮助幼儿先掌握基本口语，提升幼儿社交能力，保证幼儿社会适应度。其次，要创造良好的环境吸引幼儿主动参与到各类交往活动中。教师和家长要充分重视这一点，重视幼儿的发展，带领幼儿积极投身于游戏、阅读等各种活动中。

（二）幼儿教学活动组织的能力

幼儿教学活动是一个动态的过程，教师要在这个动态的过程中，运用独特的教学形式和教学方法调动幼儿的积极性，使幼儿在融洽、舒心的环境中学习，这需要有很好的教育智慧。教学活动组织的构成要素包括：教师、幼儿、教育目的、教育内容、教学方法、教学环境。在幼儿园，幼儿教育活动是一个相对完整的、动态的、鲜活的互动过程，从活动目标的设计直到活动结束后的延伸都离不开幼儿。幼儿是整个活动设计的出发点，设计活动目标时要考虑到幼儿的发展、兴趣、可操作性等因素。教学活动目标的设计会直接影响教学内容的选编，从而影响教学方法的使用，最后影响教育的效果。

被调查的幼儿园新手教师中，各种形式的活动一共被选择了139次，在幼儿园新手教师对幼儿教学的基本组织形式中，集体活动运用的频率最高，占86.89%。70.49%和65.57%的幼儿园新手教师经常采用小组活动和个别指导的形式进行幼儿教学。有3名幼儿园新手教师选择其他的教学活动形式：一名教师表示，“帮代式”的活动形式用得也比较多，让接受能力强的幼儿来带接受能力不强的幼儿；还有一名教师表示曾经用过几次与家长合作的方式进行幼儿活动；另一名教师没有填写。从中能够看出，多数幼儿园新手教师采用比较传统的教学形式组织活动，只有个别教师在尝试研究新的幼儿教学活动形式。幼儿教学内容的独特性要求必须要有恰当的教学形式与之相适应，所以教师和幼儿园应该树立创新意识，加大对新的幼儿教学活动形式的开发。

表3-3　被调查教师组织幼儿教学活动的形式

项目	集体活动	小组活动	个别指导	其他
次数/次	53	43	40	3
百分比	86.89%	70.49%	65.57%	4.92%

幼儿容易受到感染，一个眼神、一个动作都可能会对幼儿产生影响。作为幼儿园新手教师，要能够发挥自己体态语的功能，与幼儿互

动，调动他们的积极性，促进他们教学内容的获得。

表3–4调查结果显示：幼儿园新手教师认为使用表情、手势等体态语传递教学信息非常容易的占19.67%，认为比较容易的占72.13%，认为不太容易的占8.2%。笔者在听课的过程中也发现，大部分教师都不能够很容易地使用表情、手势等体态语传递教学信息，部分新手教师因为缺乏相应经验和能力在教学过程中对体态语使用不当，还有一部分教师因为忙碌的教学产生疲惫感，进行教学活动就像是完成任务，看下教案就开始讲。而且有一部分教师表情严肃，肢体语言很少，这也是我们教师以后应该注意的地方。

表3-4　被调查教师使用表情、手势等体态语情况

项目	非常容易	比较容易	不太容易	非常不容易
人数/次	12	44	5	0
百分比	19.67%	72.13%	8.2%	0

（二）教师教学调控能力

为了了解幼儿园新手教师教学调控能力，我们对教师的教学活动、组织纪律以及教师在教学活动过程中面对突发事件的应对能力等进行了调查。营造良好的教学活动氛围，是保障幼儿园教学活动的基础。对于幼儿园新手教师来说，要想创设良好的课堂氛围，首先要做到保持幼儿情绪的相对稳定，调动幼儿参与课堂教学活动的积极性和主动性，选择适合幼儿的教学活动。在教学过程中，面对活动秩序混乱的状况，要能够采取一定的技巧，调整整个教学活动的过程方法以及管理手段，使教学活动顺利开展。在教学活动过程中，对教学活动过程中出现的未知突发性事件，发挥自己的调控能力，运用自身的教学技能快速地做出相应的反应。这些能力对于幼儿园新手教师来说通常比较欠缺。

通过调查发现，教师在组织教学活动过程中的纪律情况如下：52.46% 的幼儿园新手教师认为自己组织教学活动动静有序，44.26% 的幼儿园新手教师认为自己组织教学活动时纪律一般，3.28% 的幼儿园新手教师认为自己在组织教学活动时纪律相对混乱。

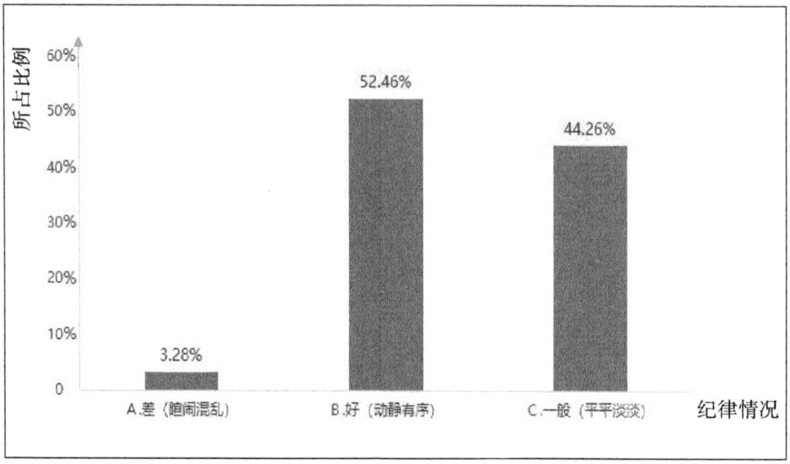

图 3-7　被调查教师组织教学活动中的纪律情况

在对幼儿园新手教师面临教学过程中的突发事件采取何种方式的调查中，调查结果显示：44.26% 的幼儿园新手教师认为自己遇到这种情况能够机智恰当处理；34.43% 的幼儿园新手教师认为，面对教学过程中的突发事件，自己反应一般，往往是随机应付过去；19.67% 的幼儿园新手教师认为自己在面临教学过程中的突发事件时能够及时地去解决，但往往在解决方法和策略上并不是很恰当。1.6% 的幼儿园新手教师认为，当在教学过程中出现突发事件时，自己经常是不予理睬的。由此可见，在教学调控过程中，当遇到较难处理的问题时，教师采取的方式存在明显差异。

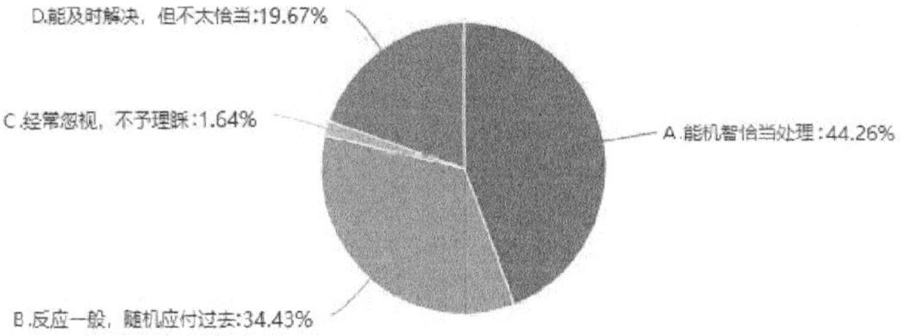

图3-8　被调查教师对教学过程中突发事件的处理情况

（四）运用教育技术提高幼儿教学的能力

随着时代发展，人们逐渐认识到现代教育技术的重要性，电教化设备也成为教育系统的重要教学手段。幼儿教育应用多媒体辅助教学逐渐普遍。在多媒体辅助幼儿园教学中，在呈现幼儿教学内容、创设幼儿教学情境等方面具有独特优势。但在教学过程中产生的问题不容小觑。多媒体技术在教学中的运用有着不可估量的优势和潜力，这种新手段图文并茂、视听兼备，具有形象生动、趣味强等特性，更能吸引幼儿的注意力，从而提高教学效率。教师应能够灵活科学运用多媒体，使幼儿学习与其完美结合，从而发挥其更大的作用。

通过调研，我们将幼儿园新手教师运用多媒体技术的情况分为三种，分别是自己制作、借用其他教师的课件和网上下载。如表3-5所示，自己制作多媒体的新手教师共有31人，占被调查教师的50.82%，借用其他教师制作好的教学课件占11.48%，而从网上下载的新手教师占37.7%。从以上数据来看，多数幼儿园新手教师认为自己的多媒体运用能力较好，幼儿园也经常组织这方面的培训，但在实际观察中，幼儿园新手教师对多媒体运用的能力整体上不尽如人意，有的教师制作课件很困难。想要充分发挥多媒体辅助教学的优势，需要新手教师会使用图像处理、幻灯片制作等专业软件，并在教学过程中结合幼儿的特点，制订符合幼儿的教学策略，达到教学效果最大化。目前幼儿园新手教师对多媒体辅助教学存在以下几点理念上的错误认识：第一，主次颠倒。有些教师在教学过程中，让自己的主导地位被多媒体替代，幼儿只注视多媒体的一些动画或者其他内容，与教师交流不足，疏远了师生关系。第二，盲目跟风。认为别人用了自己就得用。第三，错误地理解“紧跟时代潮流”。紧跟时代潮流是要求教师不断提高认识，接受新事物，进而不断提升自身综合素质，提高教学能力。就借助多媒体来说，不是使用的次数多就是紧跟时代潮流，滥用不是高效使用。第四，照搬照抄。多媒体在辅助教学过程中，会在便捷性、高效性等方面为教师提供便利，但是教师不能只是照搬照抄，而应是通过多媒体提高自己的操作技能。

表3-5　被调查教师多媒体教学课件运用情况

项目	自己制作	借用其他教师的课件	网上下载
人数/人	31	7	23
百分比	50.82%	11.48%	37.7%

幼儿教学的有效完成，需要借助一些现代先进的媒介技术，其中多媒体教学是非常有效的手段，能够灵活恰当地使用多媒体技术是幼儿园新手教师必备的素质之一，因此教师应该努力提升这方面的能力。教师在PPT内容选择设计、动画演示等方面应该有其特点。幼儿园应该采取相应措施，加强教师多媒体教学方面的培训，将现代教育技术以及网络的使用提到日常教学能力培训日程上来，将现代计算机模式与线下教学很好地结合，发挥现代教育技术对幼儿教育的价值。

（五）小结

1.大部分幼儿园新手教师教学环境创设能力强

幼儿园新手教师能够充分挖掘班级的每个角落，门窗、更衣室、盥洗室、幼儿休息室都成为其进行幼儿环境创设的对象，不仅如此，家园联系手册、与家长联系的布告栏等都被教师们精心布置了。他们经常争取家长的配合，与家长一起创设家庭环境。应该说，在环境创设方面，幼儿园新手教师尽心尽力，做出了不少成绩，这也是其幼儿教学成功的原因之一。在日常的教学活动中，师生互动关系良好，师生经常一起游戏。教师还经常组织各项幼儿教学活动，如儿歌比赛等，激发了幼儿的学习兴趣，促进了幼儿的学习。

2.幼儿园新手教师教学调控能力有待提高

通过调查，我们了解到幼儿园新手教师教学调控能力相对不足，有一半以上的教师组织教学活动组织不好纪律，个别教师教学活动现场喧闹混乱。访谈中，部分教师向我们阐述："小孩子好动，注意力也不是很集中，教学活动已经开始了，孩子们还在那里热火朝天地聊着。我第一年进行教学活动的时候，基本上要通过喊，否则总是有一部分小朋友完全不跟随我的教学步骤。"在教学过程中也经常会出现一些突发事件，在面临这些突发事件的时候，部分教师反应一般，只能随机应付过去，或者采取不予理睬的方式。调研中部分教师表示，他们特别想在遇到突发事件的时候能够做到及时处理，但由于自身方法技巧以及经验缺乏，很难做到恰当处理。在教学活动过程中的突发事件的处理、教学重难点的把握、教学时间的掌握、纪律的管理几项内容当中，幼儿园新手教师认为在突发事件的处理、教学时间的把握和纪律的管理方面，处理起来存在困难。

3.幼儿园新手教师使用多媒体教学较多但能力不足

幼儿园根据幼儿教学需要都配有电教设备，几乎每个教室都有，为什么会出现幼儿园新手教师对多媒体用得不好的情况呢？教师C说："我们平时都没有什么时间，大部分情况是去网上下载，如果我们幼儿园用的教材直接带有PPT，我们就用现成的，自己不怎么制作，时间久了，课件制作能力就降低了。"教师E说："我们这方面的培训也比较少，大学期间学习了这门课程，但入职之后就没有用过了。"综上所述，我们发现幼儿园新手教师使用多媒体教学频次很高，但是使用能力相对较差，部分教师甚至为了避免自己无法处理在教学过程当中出现的设备问题，而采用回避的方式，不用多媒体进行教学。随着时代发展，现代信息技术已经是辅助课堂教学必不可少的一种手段，它拥有我们传统教学无法实现的一些功能。因此，必须提高幼儿园教师多媒体教学应用能力。幼儿园首先要加大多媒体设备的投入，硬件投入之后，加强教师的多媒体技术培训，从思想意识层面上增强教师使用多媒体的意识，知道多媒体技术对幼儿教学的重要价值，通过定期培训、请专业人员做讲座、老带新等方式来培训在岗的幼儿园教师，使他们达到熟练掌握多媒体运用技术的程度，从而更好地促进幼儿教学。

四、幼儿园新手教师教学评价能力

国内外学者对课堂教学评价进行过比较宽泛的讨论，其中比较有代表性的是学者泰勒。泰勒从课程目标的实现、关注评价过程等角度探讨了课堂教学评价，认为教学评价是依据一定标准搜集一定的信息，然后对教学行为做出价值判断的过程。评价首先可以起到选拔的作用，它可以评价教师的教学，选拔出具有良好教学能力的教师，同时也可以通过比赛、评比实现对教师教学行为的管理。通常情况下，幼儿园教师教学评价主要从两个角度来探讨，一个是幼儿园新手教师对幼儿的评价能力，另一个是幼儿园新手教师的自我评价能力。

（一）幼儿园新手教师对幼儿的评价能力

能够科学准确地评价每一名幼儿是成为一名合格幼儿园新手教师的前提。作为一名幼儿园教师，应该学会从观察幼儿、了解幼儿、懂得幼儿、支撑幼儿等多个角度来走进幼儿的内心，了解每一个幼儿的身心发展规律和特点，在幼儿需要帮助的时候给予恰当的回应。想做好对幼儿的评估，首先要学会观察，通过观察来了解幼儿，站在幼儿的角度理解幼儿的行为，全身心地投入幼儿的活动当中，与幼儿充分接触。在与幼儿接触的过程中，通过幼儿的一些日常生活表现，来发现他们的闪光点和特征，读懂幼儿每一个行为背后的意义，并运用科学的评价工具和指标来评价幼儿的行为。当我们想评估一个教育对象或研究对象的时候，必须对这个对象有深刻的了解，因此幼儿园新手教师评价幼儿的前提就是要先了解幼儿，通过一定的方法来了解他们，并用科学的方式来读懂他们。当教师通过一定的评估指标读懂了幼儿的特点时，就能够为教学提供有效支撑，做有质量的幼儿教育，达到整个幼儿教育的目的。幼儿年龄比较小，他们对自己的评价还不够成熟，所以教师的评价对于幼儿的发展至关重要。作为幼儿园新手教师，要能够依据每位幼儿的特点，编制评价问卷，并通过系统的观察，对幼儿进行恰当的评价。

调查发现，幼儿教学活动结束后，能够经常针对每位幼儿的特点对幼儿作出相应评价的幼儿园新手教师占31.15%，57.38%的幼儿园新手教师有时候能够这样去做，11.47%的幼儿园新手教师很少能够做到。说明大部分幼儿园新手教师能够针对幼儿的不同特性做出恰当的评价。正如一位教师说的："我们都是根据幼儿教学活动目标进行评价的，但是一般情况下，我们会把班级的幼儿发展情况分成4个以上的水平，再根据每个水平制订不同的目标，然后进行评价。"但也有一部分教师由于各种原因，很少或者不去对幼儿作出评价。

表3-6　被调查教师对幼儿的评价情况

项目	经常	有时	很少	从不
人数/人	19	35	7	0
百分比	31.15%	57.38%	11.47%	0

观察中发现，幼儿园新手教师的评价方法整体比较丰富，有的幼儿园新手教师为幼儿建立了成长档案袋，通过观察幼儿的日常行为作出评价，有的幼儿园新手教师针对幼儿完成的作品，综合运用口头表扬、体态语、物质奖励等方式对幼儿给予肯定。但大部分幼儿园新手教师评价层次较低，随意性强，59.2%的幼儿园新手教师表示从来都没有编制过评价工具，很少运用成长档案袋、观察记录表等系统评价工具对幼儿进行评价。

（二）幼儿园新手教师自我评价能力

幼儿园新手教师自我评价指的是幼儿园新手教师通过对自我的认识、剖析，达到自我提高目的的过程。教师自我评价是一项非常重要并且复杂的活动，它关系到幼儿园教师如何充分认识自己，达到提升自身素质，提高教育水平的目的。在幼儿园教育评价当中，以教师自我评价为主体的幼儿园教师评价的最终目的就是提高自身的专业素质，实现专业成长。幼儿园教师对自身的评价，能够使教师充分认识自身存在的优势和不足，进行细致而有针对性的反思，达到自我提升的目的。幼儿园教师自我评价，有利于提高自身的教育信念，增长自身的专业知识，提升自身的专业能力。通常情况下，幼儿园会通过营造自我评价的氛围、同伴互助评价、给幼儿园教师建立专业成长档案袋的方式来进行评价。本书中，幼儿园新手教师的自我评价能力主要包括幼儿园新手教师对幼儿教学内容的选择、目标的设定等能力。调查显示，21.31%的幼儿园新手教师经常对自己的教学产生困惑，73.77%的幼儿园新手教师有时候对自己的教学行为产生困惑，而4.92%的幼儿园新手教师从来没有对自己的教学行为产生过困惑。也就是说，大部分幼儿园新手教师对自己的教学行为产生过反思。

幼儿园新手教师对待教学困惑的方式的调查结果如表3–7所示：11.48%的幼儿园新手教师表示，想想而已，过后就忘了；24.59%的幼儿园新手教师表示会先记录下来，等有时间了再说；49.18%的幼儿园新手教师表示会将困惑记录下来，用来矫正以后的教学行为；14.75%的幼儿园新手教师会深入思考，从而指导今后的实践。通过观察发现，在实际教学过程中，针对自己的反思进行记录并根据记录寻求解决办法的幼儿园新手教师很少，与调查数据存在一定出入。教师们表示，每天比较忙，根本顾不上记录，如果自己能够记下来且有时间的话，一般还是会考虑如何改进的。

表3-7　被调查幼儿园新手教师对待教学困惑的方式

项目	想想而已，过后就忘了	先记录下来，等有时间了再说	记录下来，用来矫正以后的教学行为	深入思考，从而指导今后的实践
人数/人	7	15	30	9
百分比	11.48%	24.59%	49.18%	14.75%

对于教师进行反思的目的，39%的幼儿园新手教师认为反思是为了提高自身的教育教学能力和专业能力，41%的幼儿园新手教师认为自己进行反思是为了满足幼儿的兴趣和需要，更好地促进幼儿的发展，还有2%的幼儿园新手教师选择了其他，18%的幼儿园新手教师

认为自己进行教学反思只是为了完成幼儿园的规定，从这一点来看，一小部分教师进行反思只是为了完成任务而已。

（三）小结

1.大部分幼儿园新手教师对幼儿作出评价

调查结果显示：31.15%的幼儿园新手教师经常对幼儿进行评价，有时对幼儿进行评价和很少进行评价的幼儿园新手教师分别占57.38%和11.47%，而不进行评价的教师没有，说明大部分教师都对幼儿作出评价。在调研中我们发现，尽管多数幼儿园新手教师会对幼儿进行评价，但是评价的方式相对单一，大部分教师都是集中在集体教学活动当中对幼儿进行总体性评价，对某些幼儿在教学活动中呈现出来的优势或是不足缺少单独的评价。幼儿园新手教师在评价幼儿的过程中，采用非正式评价相对较多，缺少对幼儿学习的正式评价。教师对幼儿开展的评价，首先科学性上有所欠缺，大部分幼儿园新手教师评价方式表面化、单一化，评价较注重幼儿外显的行为表现，而对于幼儿内在的变化则较少涉及。很多教师以口头的简单评价方式为主，缺少对幼儿真实生活系统的描述性记录，整体评价层次较低。其次在适切性和针对性上表现出不足，部分教师对评价标准的理解失之偏颇。调查及观察发现，部分幼儿园新手教师对幼儿的评价仍侧重于认识词语的多少，唱儿歌的多少，评价标准仍锁定在知识层面。

2.大部分幼儿园新手教师的自我评价处于基础阶段

目前幼儿园新手教师在进行自我评价时，也会呈现出一系列问题。比如现在幼儿园教师评价一般分为自评、他评两种形式，但是在实际操作过程当中，这种评价缺乏一定的可信度，教师自评存在形式主义的倾向。另外部分幼儿园新手教师在进行自评过程当中，缺乏可操作性的科学指标。发挥教师自我评价提升教师教学能力的作用，有赖于评价工作的科学性，教师自评运用的是否是可行的科学指标。幼儿教学是一项极其复杂的工作，对幼儿教学工作本身做价值判断非常困难，如果缺乏相应的科学指标，那么评价的科学性就有待商榷。

每一名幼儿园新手教师，他们自身的知识结构和专业水平不同，部分缺乏精湛专业基础知识和广博文化知识的教师，在评价过程中可能更容易出现偏差，对评价标准的真伪问题、尺度问题往往把握不是很好，在评价过程当中对评价的主次也不能够很好地分辨，因此评价出来的结果很可能与科学的结果有差异。

3.部分幼儿园新手教师自我反思意识不强

研究发现，虽然大部分幼儿园新手教师对自己的教学行为产生过反思，但是相当一部分幼儿园新手教师不采取行动，想想而已或是等以后再说。大部分幼儿园新手教师认为反思的主动性和时间问题是影响幼儿园新手教师自我反思的重要因素。幼儿园新手教师平时工作比较忙，加之幼儿教学任务繁重，因此大部分幼儿园新手教师认为没有更多时间去进行反思和总结。另外，还有一部分幼儿园新手教师反思的主动性较差，他们不喜欢反思，没有养成教学反思的习惯，并且认为在反思过后如果没有时间采取一定的行动，也只是在浪费时间，没有深刻地认识到一名幼儿园新手教师的教学自我反思对于其教学能力的提升的推动作用。幼儿园应在提升自我反思意识等方面多做努力。

第四章　幼儿园新手教师教学能力的影响因素

教师教学能力发展是教师专业发展的重要组成部分。本书借鉴学者们关于影响教师专业发展因素的研究成果，从教师教学参与者和执行者角度来探讨影响幼儿园新手教师教学能力发展的因素。教师教学的参与者与执行者主要有政府、教师教育机构、教师任职学校和教师本人，以下主要就这几个方面因素对幼儿园新手教师教学能力的影响进行探讨。

第一节　政府:宏观性因素

幼儿教育的发展离不开政府层面相关政策的推行，离不开政府层面相关资金的投入。缺乏政府的保护和支撑，幼儿教育很难快速、良好地发展。《中华人民共和国宪法》已经明确了要发展学前教育。幼儿教育研究必须依托于我国的政策、制度、法律等来实施。

一、政府为幼儿园新手教师在物质方面提供保障

良好的幼儿教育政策特别是幼儿园教师政策，为幼儿园新手教师教学能力的发展提供支持。幼儿园新手教师教学能力要想得到提升，专业能力要想得到发展，离不开经费的支持。例如，近些年来，内蒙

古自治区教育经费的投入在逐年稳步增长，但由于幼儿师资培养经费投入需求大，所以相应经费还是呈现捉襟见肘的情况。

调查中我们发现，基层幼儿园教师工资待遇相对比较低，特别是刚入职的新手教师，这极大降低了他们专业发展的积极性。

幼儿园新手教师在访谈中谈道：

我们其实很关注自己的工资待遇，每个月赚的工资要够自己的生活费。我是临聘的教师，当时没有考上编制，每个月的工资是2400元，保证日常生活没问题，这里不是大城市，消费比较低。主要我家不在这里，还要租房子，所以我确实会分心，会考虑再做点什么增加一些收入，然后再考虑自己的专业成长，因此物质方面肯定会影响教师们的专业成长。

——摘自教师F的访谈

大学生的就业薪资期望与现实薪资水平有差距，是现实问题。尤其对于本科毕业的大学生来说，他们对薪资待遇、福利水平有一定的期望值。毕业以后进入幼儿园，特别是基层的幼儿园，往往在工资待遇方面相对不高。在某种程度上会影响到幼儿园教师岗位的稳定性以及教师专业素质的提升。同时因为幼儿园教师培训经费的不足，会使得很多基层幼儿园新手教师缺乏参加继续教育和培训的机会，对于学前教育领域新的发展理念、较好的教学方法、优质园的发展情况，幼儿园新手教师不能在第一时间获取。这在一定程度上会影响到幼儿园新手教师整体的专业素质发展。

我入职两年，刚入职的时候是很累的，很多东西都需要新学，包括新的教学方法、教学应变能力、与幼儿的沟通能力。但是作为本科毕业的幼儿园教师，我们在专业成长这一块的需求是很大的，特别希望幼儿园能够为我提供专业发展的机会，我也特别希望能有机会出去学习。

——摘自教师D的访谈

二、教育政策与法规对幼儿园新手教师教学能力发展予以规范和引导

教育政策与法规对教师的行为进行约束、限定和引导。长期以来，自治区党委、政府高度重视学前教育工作，把学前教育作为自治区整体教育工作的重点，把学前教育摆在了教育发展的重要位置。“优先重点发展少数民族教育”是党和国家对少数民族的一贯政策。自治区“优先重点”政策的落实具体表现在：在统筹规划各类教育的发展时，优先重点安排学前教育；在办学体制、学校布局、专业设置、招生分配、教师培训、教材建设、经费投入等方面给予优惠政策，保证学前教育的健康快速发展。我国幼儿教育起步比较晚，基础比较薄弱，虽然近几年得到重视，但仍旧发展缓慢，幼儿教育政策和法规还不够系统和完善。近年来，我们在这方面做着积极的努力，也有一些相关政策的出台，但是尚不够完善，需要政策的不断出台和修订来保障幼儿园教师教学趋向规范。

当下，内蒙古自治区幼儿教育正处于良好的改革与发展时期。国家十分重视此项工作，并且出台了诸多政策来保障幼儿教育质量的提升，其中很多政策涉及教师。《国家中长期教育改革和发展规划纲要（2010—2020年）》明确指出，“加大对民族地区师资培养培训力度，提高教师的政治素质和业务素质”。

规范的幼儿园教师制度，能够更好引导幼儿园新手教师教学能力

向着正规化方向发展。首先，规范的制度对教学目标的鲜明表述很重要，通过制度来把握目标能使幼儿园教师明确发展的目标，拥有科学而具体的目标对于教师教学来说无疑是有了明确的方向。其次，规范的制度可以指导幼儿园教师的行动。访谈中一位教师告诉笔者："对于幼儿教学能力理解不明确，没有对幼儿教学能力成文的系统规定，大家都是在学校学习基础上按照一名教师的要求来做的。而在查阅文献的时候，对于幼儿园教师的界定也有异议，所以我们都是按照自己的理解来做的，更多是参照我们的实践，不过这也提升了我们自身的能力。"缺乏幼儿园新手教师政策的引导，教师们努力的方向不明确，既可能会影响其教学能力的发展，导致教学质量下降，也无法使教师资源得到更好的利用。良好的规范引导有利于幼儿园新手教师教学能力的提升。

第二节　教育机构：奠基性因素

教育机构的培养培训直接影响着幼儿园新手教师教学能力的发展。教育机构的课程设置、培养模式、教学内容与教学手段等都影响着未来幼儿园新手教师的教学能力，同时教育机构的职后培训，对幼儿园新手教师教学能力的发展也有重要影响。

一、职前培养因素

高等学校作为幼儿园新手教师的培养场域，是幼儿园教师教学能力提升的储备基地，一直以来，我们国家都十分重视学校对教师队伍的培养。高等院校最紧迫的任务是培养一支高素质的师资队伍，而教师队伍整体素质的高低，最终体现于教师教学能力的高低。

教学能力是教学知识和教学技能的有机融合。因此，在职前培养过程中，高等学校主要通过专业课程体系及教学实践环节来影响未来幼儿园教师的教学能力，但培养过程中仍存在一些问题，如幼儿师资培养的课程设置。课程设置是指学校根据各个专业的培养目标和实际需要设立与安排各种课程，规定各种课程在各年级的开课顺序和课时，并简要概括课程的学习目标和要求。课程设置并不是一成不变的，学校可以根据培养目标、所在地区以及不同时代的社会需要进行适当的调整。

A高校学前教育专业的教师根据学生的自身需求和社会需要，以四年为一个周期，每四年制订一次新的培养计划，但在实施过程中存在一定问题。

首先，专业课程结构欠合理。在专业课程开设顺序方面，大部分课程都是按照“先理论后实践”的方式开设的，但这种方式并非适用于所有课程。一些课程之间具有交互性，如乐理和琴法这样的课程之间衔接性强，适合一起开设或课程之间的开设间隔时间不宜太长。而A高校学前教育专业乐理课程开设在第二学期，琴法课程开设在第四学期，两门课程开设的间隔时间太长，学生难以有效融会贯通，对学习迁移有较大影响。另外，对于第七学期撰写毕业论文、第八学期实习的教学搭配，学生的接受程度不一。大部分学生的毕业论文需要到幼儿园进行长时间调查，虽然在第七学期有两周见习时间，但这两周时间对需要撰写论文的同学来说没有发挥应有作用，这样的安排会加大学生撰写论文的难度。

其次，专业课程课时比例不平衡。高校幼儿教育专业会根据课程的性质及需求安排每一门课程的教学学时。由于对课程属性及学生能力了解相对不足，A高校在专业课程课时设置方面存在一些问题。一些学习难度大的课程课时安排过少，学生学习时间相对不足，对课程的基本知识掌握欠佳，如“教育统计学”等教育类核心基础课程有一定难度，需要更多的教学学时。此外，对于一些理论和实践相结合的专业课程的课时设置，也存在不妥的安排，如幼儿师资培养专业技能类课程，技能实践训练部分课时安排过少，理论部分课时占据学习时间过多，也是专业课程课时比例安排不均衡的体现。以上问题在不少学校的幼儿教育专业的课时安排中存在。

再次，实践课程设置与安排不够具体。幼儿教育本就是一门理论与实践相结合的学科。各高校为了规范教学，会积极开展实践教学活动，实践教学活动是幼儿教育专业培养学生教学能力的重要手段，通过教学实践才能实现理论与实践的结合。每所高校在每一学期都会安排一定学时的实践课程，或是安排教师技能培养训练课程。调研中我们发现，首先实践类课程在课时安排上弹性过大，使得实践能力培训的系统性欠佳；其次在包含实践课时的专业课程安排方面也存在一定的问题，如课程安排有冲突的情况，课程安排与实践基地工作衔接有冲突的情况等。

最后，课程模式与培养目标存在矛盾。由上述现状分析可知，A高校本科学前教育专业的课程模式属于学问导向模式：以理论课程为基础和核心，注重学生对理论知识的掌握；强调学生用理论知识搭建认知体系，将实践教育安排在理论教育的后期。实践课程是学生理论学习之后的一种延伸和应用。但高校关于学前教育专业人才培养目标表述的落脚点在“高素质应用人才”。在这样的情况下，其课程模式和培养目标之间就有些不合理之处：学问导向模式注重培养学术研究型人才，而制定的培养目标是希望将学生培养成为可以在幼儿园从事保教工作同时在有条件的基础上进行研究的人才。现行的课程模式在理想状态下依然保持“进行研究”，但对于从事“幼儿园保教工作”却有一定的局限；在现实情况下，大多数学生未来会首先从事“幼儿园保教工作”，课程模式与培养目标的协调性有待提升。

近些年，本科院校也在积极寻求突破口，院校之间进行协同育人，以培养优秀的幼儿园教师团队。如今幼儿园师资的整体质量相对比较好，特别是一些示范级幼儿园，其教师专业素质、思想政治觉悟相对较高，因为有前期培养过程中学习根基的建立。职前培养是指导一名教师职后专业成长、潜力开发的重要前提。在职前培养过程中，高等院校承担着非常重要的角色，高等院校在师资力量、培养的设施条件、培养经费等方面都应该有所加强。

二、职后培训因素

我们国家幼儿师资力量相对比较薄弱，特别是一些偏远地区。因此当一名师范生来到工作场域之后，他要面临的工作任务很重。幼儿教育工作具有系统性、繁杂性、细致性、繁重性的特点，加之职前培养毕竟是在学校进行的实操部分，会使得部分新手教师无法将理论与实践相结合，在面对3—6岁幼儿时会出现不知所措的情况。这时就非常需要当地的教育主管部门以及幼儿园，通过多种途径去对教师进行职后培训，以提升这部分教师的专业能力和水平。一名合格的幼儿园新手教师，应当具备较强的教学能力、指导幼儿的能力、心理调适的能力、评价的能力。幼儿园新手教师要想教学能力得到提升，职后培训是很重要的一个方面。但我国职后培训还存在一些问题，主要体现在以下几个方面：

首先，职后培训缺少计划性和适宜性。幼儿园新手教师职后培训具有自身规律和发展方向，培训本身应该具有制度性的规划和整体性的把握，应该具有计划性。然而，当前部分职后培训过程缺乏综合性和延伸性，缺乏地区适宜性，对参加培训的幼儿园新手教师不甚了解，而是根据某些发展水平较高的一线城市的发展模式和经验来搞培训，并不适合一些幼儿园的发展要求和实际情况。

其次，职后培训的内容和形式单一。职后培训是幼儿园新手教师提升能力的重要途径，“尽管教师培训的作用与意义已经得到了认可，但教师培训的实践却并不令人满意”①。访谈中教师们反映，幼儿园及民委都定期、不定期地进行与幼儿教学相关的培训，但整体效果不甚理想。教师A说：“培训的内容一般比较陈旧，有的内容根本用不上，而且比较零散。”大部分培训都限于理论方面的学习，单纯的理论学习不利于激起学员的兴趣和积极性。因此，在培训过程当中，有时出现教师学习不主动、不积极、迟到早退、走过场、随意糊弄等现象。教师F说：“有的培训老师也不完全了解幼儿园教师的实际需求，在培训前没有人问我们需要什么培训内容，培训时理论比较多。”教师C说：“集体上课的方式太累人，教师们一坐一上午，没什么兴趣，学习效果不怎么好。”我们不仅要关注相关理论的学习，更应该在思想文化层面上使教师形成文化自觉，让教师主动去学习，提升教师的主动性。理论学习，操作性内容学习，幼儿园间相互学习，有经验教师进行实践经验的展示，对于教师专业能力的提升都是有利的。部分教师反映，在学习过程中，并没有什么兴趣，对幼儿教育目标、方式、内容等不是很了解。另外，在培训方式上也应该有所变化。长期以来，我们的培训方式就是将众多教师聚集在一起，像班级授课一样，“专家讲、学员听”这样的方式会使部分教师产生抵触心理，同时不利于一部分有想法的教师去积极探讨，并参与到整个培训当中。

再次，职后培训评价的欠缺。我们以往培训更关注任务是否完成，而对于培训的监督、培训的考核等相对做得不够。往往是“培训开始，专家讲，培训结束，学员走”的现象，没有对学员学习效果进

①朱益明.教师培训的教育学研究[D].上海:华东师范大学,2004:27.

行检测，考核和评价相对较少，使一部分学员认为这就是走过场，学完了就可以回去交差。所以一部分教师虽然接受了相应培训，但是教师回到幼儿园仍然采用自己的方式教学，大部分教师并没有学到教学精华。幼儿园新手教师平时工作繁杂而劳累，一部分教师对于培训本身有应付的心理，还有一部分教师本就对复杂的工作有职业倦怠感，缺少一定的工作动力和创新。因此，在培训中，如果在内容上并非创新的，形式上又没有一定的技巧，文化领域又没有一定的引领的话，必然导致部分教师参训意向低。一般教师只想在短期之内学习，学完了就回家，并没有对自己的专业成长和继续教育有一个长久规划和目标设定。

最后，职后培训还要对教师进行心理疏导。多数教师在入职一段时间后出现职业倦怠感，不肯花费大量时间和精力去好好设计每一次活动，除非有公开课和检查。很多教师不能够很好地调整自己的心理状态，不能够及时地发泄，于是消极对待教学活动；下班后更容易把不良情绪带到家庭中，造成家庭不和睦。很多幼儿园虽然配备心理咨询室，但很多教师不愿意去，一旦去咨询，就会被打上有心理问题的标签，形成一种歧视压力。为了避免这种压力，教师宁愿不去做专业的心理疏导，长此以往，心理问题越积越多，导致更加消极地对待工作。

第三节　幼儿园：关键性因素

幼儿园是幼儿园新手教师从事教育教学活动的主要场所，幼儿园的人、物以及制度等对幼儿园新手教师教学能力的发展产生影响。根据幼儿教学实际，本书主要从幼儿园园长、幼儿园新手教师时间等方面来探讨幼儿园新于教师教学能力发展的影响因素。

一、幼儿园园长因素

园长是托幼园所的主要领导者，是实现单位职能即做好托幼机构工作的关键性要素。我们国家有标准的幼儿园园长任职资格岗位要求，幼儿园实行园长负责制，通过上级宏观领导，以园长为核心，开展全员性的工作，保障幼儿园工作目标的实现。园长的教育背景、工作经历以及个人品质，都会对其工作产生影响，从而影响幼儿园其他的教职工。我国虽然是园长负责制，但是在实践工作中，大部分幼儿园园长在对幼儿园进行管理时，非常注重群体意识，整个领导层进行分工协作，共同完成幼儿园各项工作任务。多数园长能够实行民主管理的方式来调动教职工的积极性。但是我们通过以往的研究也发现，如果园长的某些教育理念以及实践操作不够合理和恰当，会在一定程度上阻碍教师教学能力的提升。

幼儿园的园长以女性居多，与女教职工沟通起来比较顺畅，也能够更加细心去关心教职工的生活。幼儿园园长的教育背景非常重要，相对高层次的专业背景，广博的相关知识以及扎实的幼儿教育理论基础，不仅能够使一名园长站位更高，有更开阔的视野，而且使园长能够正确全面把握整个幼儿教育的发展脉络，更有利于确立科学的办园理念、正确的管理思想。相反，如果园长未接受过系统专业教育，或者缺乏专业素养，那么在从事工作时就会力不从心，也不容易有更多的教师追随者。幼儿园园长大部分来自一线，有着丰富的幼儿园一线工作经验，并且各个地方在聘请园长时，都有一些相关专业的要求。园长作为幼儿园的管理者与决策者，对幼儿园的发展有至关重要的作用。从某种意义上说，有什么样的园长就有什么样的幼儿园，就有什么样的教师和幼儿。园长作为幼儿园新手教师的引领人，对幼儿园新手教师教学能力的影响是不言而喻的，主要表现在以下三个方面：

首先，园长的管理方式影响幼儿园新手教师的积极性。园长管理方式不同，必然影响着幼儿园新手教师的专业成长。在幼儿园这个团队中，幼儿园教师与园长之间是相互配合、相互成长的关系。通过调研中对部分教师进行的访谈我们发现，其中一部分幼儿园新手教师认为与园长之间的关系非常和谐，园长经常会关心教师的幼儿教学实践和教师的日常生活，同时也会通过一些方式给教师提供培训机会，从而使教师有更大积极性去提升教学能力。在访谈过程中，幼儿园教师表示，他们希望与园长之间建立一种和谐平等的关系，和园长之间相互配合，来促进自身教学能力的提升。他们不喜欢园长以领导命令式的方式要求他们，更倾向于园长多理解体谅他们的辛苦，关心他们的工作，给予一定的支持，他们才更有积极性去开展幼儿教学工作。

园长和教师的关系十分微妙，作为一名园长，处理好与教师的关系是开展一切工作的前提，园长采取什么样的方式来管理自己的教职工，对教职工的影响是完全不同的。下面是几位教师的心声：

有时园长不是特别肯定老师的工作，你觉得自己已经做得比较好了，他也就是一句："大体上还行。"他虽然很有经验，但是就是不告诉你应该怎么做。我们园长很有能力，幼儿园发展得也不错，就是对我们太严格了。可能跟我个人也有关系，我比较喜欢自己琢磨，下一步我也在想，多请教同事，特别是有经验的老师。

——摘自幼儿园新手教师E的访谈

我们园长吧，从来不问我在教学中有什么困难，感觉我们之间很有距离，园长平时对我们也挺好，但就是有一种说不出的隔阂感！时间久了，我们也就不主动靠近了，一些教学上的问题也就慢慢不提了。我觉得和园长就是缺少沟通，我们总觉得不太敢靠近园长，其中应该也有我们的原因。

——摘自幼儿园新手教师D的访谈

我感觉还行，平时跟园长沟通得也比较多，教学过程中遇到困难的时候，我就会去找园长，因为园长一般情况下工作都比较忙，如果我们不主动去问的话，园长很难主动来跟你说，基本上都是在开会的时候跟我们说应该怎么去做。但是我觉得我们园长是非常注重教学的，幼儿教学中有些时候遇到一些难破解的问题，园长很是重视。

——摘自幼儿园新手教师A的访谈

在调研中我们也发现了以上案例中的类似情况，一部分园长在管理过程中，经常以下属来看待一线的幼儿园新手教师。教师日常工作比较复杂，加之幼儿教学任务比较繁重，作为引导者，如果经常以命令的方式要求教师去完成工作，在工作当中又缺乏对教师的关心，缺少对幼儿教学工作的支持，必然会造成一部分幼儿园教师内心反感，不愿意与园长沟通，这样双向就无法形成互动。教师与园长之间有一定隔阂，沟通无效，必然会影响到幼儿教学。部分园长管理过于严厉，也会使部分幼儿园教师心生畏惧，畏首畏尾，在幼儿教学过程中，不敢提出新的观点，不敢采用新的方法，使幼儿教学工作受到一定的影响，而且影响幼儿园新手教师工作的积极性和主动性，当然也不利于幼儿园新手教师的专业成长。

园长与教师之间缺乏沟通、地位不平等不利于幼儿园新手教师的良性发展。园长评价不客观，不乐于表扬和鼓励，教师在消极的环境中无法获得成就感，在工作上失去动力，教师教学积极性就会降低，不利于幼儿园新手教师教学质量的提高。

其次，园长对教师教学能力的重视程度对幼儿园新手教师教学能力的发展也至关重要。重视幼儿园新手教师教学能力的园长，会为教师教学能力的发展提供保障，例如：将教师教学能力作为幼儿园新手教师考核、职称评定的重要参考，同时为教师教学能力的发展创造各种条件，及时的评价制度也会给幼儿园新手教师的工作带来发展动力，更有利于其职业幸福感的培养。调查发现，园长对幼儿园新手教师语言能力十分重视，不仅要求其自身精通语言，而且对园内教师有语言能力的要求。如此一来，就会促进幼儿教学的良性循环。反之，如果园长对幼儿园新手教师的教学能力不重视，那么幼儿园新手教师教学能力的提升将失去引领与支持，在幼儿园教师资源匮乏的情况下，很可能会造成优秀人才的流失，从而降低园所整体的教学水平。所以，园长对幼儿园新手教师教学能力的重视程度也影响着幼儿园新手教师教学能力的发展。

最后，园长的办园宗旨和教学理念也影响幼儿园新手教师教学能力的发展。有些园长将“服务幼儿教学、培养幼儿”作为办园宗旨，并与教师一起为这一宗旨不断努力。在这一过程中，园长能够服务于幼儿园新手教师，加强与教师的联系，与教师一起讨论研究，选择适宜幼儿发展的学习内容，及时满足教师的合理要求，为教师的教学提供良好环境。这样一来，不仅能够及时发现教师教学中的问题，还能够总结经验，不断反思、纠正、交流与学习，营造幼儿园内学习的氛围，促进整个幼儿园教学质量的提升。教师能够从幼儿需要出发，在一日生活中为幼儿创设想说、敢说、有机会说的环境，根据不同幼儿的语言发展水平进行适时的指导，营造良好的学习氛围，善于观察幼儿，生成教学内容，并在这一过程中不断提高自己的教学能力。园长的教学理念也影响教师教学能力的发展。园长大都是从一线教师一点一点走过来的，有些教师走到园长岗位之后就不参与教学活动，只负责幼儿园的日常行政管理，对于幼儿教学能力只要求教师而不要求自己，一些好的教学理念不能言传身教，空有理论上的要求而没有实践的指导，导致教师理解偏差，这样不利于幼儿教学的开展。而园长相对教师来说有更多的资源和时间去其他幼儿园学习，接受新知识、新理念，园长如果以新理念为指导，起到模范带头作用，深入一线进行教学，领导幼儿教学的开展，将会极大地促进幼儿园新手教师教学能力的发展。

二、幼儿园新手教师时间因素

我们以“幼儿园新手教师时间”“教师时间”作为关键词，在知网进行搜索，通过观看文章走向，我们发现近些年有很多学者开始关注幼儿园教师的工作时间。时间是影响一名教师教学能力提升的重要因素。在幼儿园的工作中，幼儿园新手教师的工作任务相对繁重，每天都处在忙碌当中，尽管他们有的负责教学，有的负责保育，但是每一位教师在自身的工作岗位当中都是高强度的劳动者，因此，研究者发现，教师的劳动时间过多和强度过大是影响他们教学能力提升的因素之一。很多教师每天平均工作时间超过8个小时，每日平均工作时间为10个小时左右的大约占30%。工作时间长、工作压力大，是教师产生职业压力的重要原因。幼儿园教师工作负荷大，幼儿园教师加班等现象普遍存在。在调研过程中，我们深入一线与教师一起观察并记录了教师一天的工作时间以及时间分配。我们发现，幼儿园教师工作时间可以分为看得见的时间和看不见的时间两个部分。看得见的时间就是用于整个幼儿园教学活动的时间，而看不见的时间是指与幼儿互动和解决琐碎事情的时间。我们明显能够感受到幼儿园新手教师教学任务比较繁重，比如他们要抽出更多时间来选择幼儿教学内容，设计幼儿教学教案，同时需要更多的时间来了解本班幼儿教学的层次和水平，又要设计单向的教学活动，每天工作任务量大。

在幼儿园的一日生活中，幼儿园新手教师除了进行集体教学外，还要花费大量时间用于组织课外活动、区角活动、环境创设、备课等。幼儿园新手教师在幼儿园一天的大多时间用于应付琐碎的事情，根本无暇顾及如何在一日生活中提升自己的教学能力，也降低了他们反思教学的能力。以致很少能够考虑幼儿在学习过程中是否得到了真正的发展，更很少考虑如何通过自身的教学带给幼儿更好的学习体验和知识技能。幼儿园新手教师这样说：

园里总有事，一周下来，没什么空闲时间，而且只要你来了幼儿园，事情就特别多，你就得马不停蹄地干。

——摘自教师B的访谈

太忙了，忙不过来。我们除了进行教学活动外，还要写个案记录、教学笔记、政治笔记，还有特色课记录，比如奥尔夫音乐等。除了这些，幼儿教学本身对我们来说就有很大压力，占用了我们很多的时间，压根儿没时间考虑研究！

——摘自教师C的访谈

忙是肯定的，所有的幼儿园老师都很忙，前一段时间有人来调研我们幼儿园老师的一天，从早上幼儿入园、进餐，一直到放学家长来接幼儿离园，我们全天都在忙碌当中。除了幼儿一日活动之外，我们还有其他的任务要做，特别是像你说的幼儿教学这一块，就包括整理教学内容、编教材、如何提升幼儿能力、总结幼儿错误示范等方面，时间根本不够用。新老师晚上都是要加班到很晚的。

——摘自教师D的访谈

事实上，无论是在职培训、与同事之间的交流与合作还是阅读专业期刊书籍，幼儿园新手教师教学能力的发展都需要大量的时间和精力。在幼儿园繁杂、琐碎、高强度的工作中，空余时间对教师来说是一种奢求。一些幼儿园新手教师无暇顾及教学过程中某个幼儿的状态，也没有太多的时间去纠正某些幼儿存在的问题。给予幼儿园教师足够的幼儿教学时间，是提高幼儿教学质量的重要保障。目前，幼儿园对幼儿教学的实践研究还比较少，大部分停留在理论研究层面。教师作为实践领域的直接参与者，具有丰富的实践经验，进行科学研究具有环境和资源优势，但离开时间的保障，教学能力发展和进行相关研究非常困难。

幼儿在园安全问题是新手教师关注的重要问题。幼儿年龄小，身心发展不够完善，自我保护的意识和能力欠佳，在日常活动中容易发生安全事故。对于刚入职的幼儿园新手教师而言，他们非常担心班级幼儿发生安全事故。在发生安全事故时，新手教师往往缺乏处理事故的经验，会出现担心、畏惧、无助的情况。从而导致平时工作中小心翼翼，生怕幼儿出现磕碰等问题，害怕家长的消极反馈，影响自己的工作。

我刚上班的时候，我的妈妈就跟我讲一定要认真仔细对待幼儿。现在家里都是一个娃，千万不能让孩子磕了碰了。我刚上班的第一年对数字特别敏感，我一天要数好多遍，害怕哪个小朋友丢了。特别是户外活动的时候，有的小孩子跑得太快了，我都很担心。

——摘自B教师的访谈

有一次我们进行集体活动，一个幼儿坐在椅子上，身体不小心向旁边一倾斜，摔了个跟头，结果起来之后额头上流血了。我马上跑过去，一看额头上摔出一个口子，我立刻进行了处理，并联系了医院，但是这个事情对我触动比较大，自那以后，我会将更多的时间和精力用来保障幼儿的安全，至于教学能力，等以后再慢慢提升吧。

——摘自F教师的访谈

幼儿是活泼好动的，他们对万事万物充满好奇心和探索欲望。日常活动中出现磕碰是常有的事情，但这却给幼儿园教师带来了较大的心理压力。首先幼儿自理能力较弱，教师为了不让幼儿受伤，干脆把更多的时间放在幼儿的安全上，户外活动时紧盯着幼儿，不允许快速奔跑，上厕所时紧跟其后生怕幼儿摔倒，幼儿间有抓伤的情况更是担心一整天，思考如何与家长“交代”，这些事情占用了教师太多的时间和精力。有些新手教师缺少学习和反思，尽管入职两三年，仍然对教学缺少头绪，总体显得慌乱。

第四节　教师：根本性因素

事物的发展是内、外因共同作用的结果，内因决定事物发展的方向和程度。幼儿园新手教师教学能力的发展受多种因素的影响，但归根到底还是要落在教师本人身上。幼儿园新手教师个人的专业素质、个人发展的需要和意愿、个人的知识结构等都对教学能力发展产生深远影响。

一、幼儿园新手教师个人的专业素质

就内蒙古来说，开设学前教育专业的高校不是很多，主要有内蒙古民族大学、内蒙古师范大学、内蒙古科技大学、赤峰学院、集宁师范学院、呼伦贝尔大学等。自身专业素质高的教师，对教学能力的提升有比较高的诉求，能够严格要求自己，在教学中能够很好地按照幼儿园的要求认真实施幼儿教学，提升教学能力，从而促进幼儿教育的发展。

二、幼儿园新手教师发展的需要和意愿

需要是个体活动积极性的源泉，是个体行为活动的基本动力。人只有有了某个方面的需要，才有可能采取行动，向某个方面发展。“希望一位在专业上毫无内在需要的教师能够积极主动地进行自我提升，显然是一件困难的事情。”①笔者访谈的6名教师当中，在被问及“您认为是什么因素影响了您的教学能力的发展”时，有5位教师认为影响自己教学能力提升和发展的因素主要来自外部，跟自身关系并不是很大，只有一位教师表示教学能力与想要发展自身能力的愿望有很大的关系。通过访谈我们发现，首先，很大一部分幼儿园新手教师并没有意识到自身的发展需要和动力对自身能力提升的重要影响，而认为自己教学能力的发展主要是由一些外部因素决定的，比如幼儿教学条件、教师工资待遇、课程教材的开发等。他们认为教学能力提升与否与自己是否努力关系并不是很大。教师对教学能力发展重要性认识不足，缺乏发展的意愿，则教学能力不可能得到发展，外部的努力也是徒劳，而教师的教学能力若想提升源于其自身的需要，也就是内部动力。教师的需要主要体现在希望自己的专业知识、经验、能力等方面得到不断的提升，以满足自己的职业需求，通过能力提升成为专家型教师。

因为教师有个体差异，其内部的需求和意愿也有所不同。马斯洛的需要层次理论也提到，人从最初的生理需要、安全需要、归属与爱的需要，到最后的自我实现需要，这些需要从低级向高级逐渐迈进形成金字塔结构。人的成长是从追求低级需要逐渐向追求更高层次需要发展的过程。我们在前面调研中发现，幼儿园新手教师成为专家型教

①王建军.课程变革与教师专业发展[M].成都:四川教育出版社,2004:163.

师的动力不足，他们认为只要把现有的工作做完，就已经完成了任务，至于是否需要个体的专业成长，发展成为专家型教师，那是以后的事情。除此以外，有一部分教师对自身专业成长和教学能力提升的愿望非常强烈，他们带着对专业的强烈信念，严格要求自己，希望自己通过各种培训和实践的锻炼，成为专家型教师。内在的需要和意愿是自身成长的主动力，幼儿园新手教师应该确立成长的目标。同时幼儿园要给新手教师提供一定帮助，满足他们对教育的需求，促进他们可持续有效的专业成长，增加职前或职后培训，让教师们明白只有内在有不断前进的动力，有明确的目标，自身的专业素养才能够得到好的发展。

幼儿园新手教师日常工作任务繁重而琐碎，幼儿园新手教师的薪资较低等问题，是一直以来影响幼儿园新手教师职业成长的因素之一。调查发现，幼儿园教师教学工作比较重，加之存在很多现实困境，部分教师有时在教学过程中会忽略幼儿的特点，也没有时间针对每一位幼儿的整体发展水平有针对性地设计一些适切课程，不能完全适应幼儿发展水平和发展节奏，这对幼儿的成长有一定影响。

一名幼儿园新手教师只有自身有非常强烈的专业发展需要和意愿，才能产生不竭的动力，促进自身的教学能力不断提升。

三、幼儿园新手教师的知识结构

专业知识是教师开展教育教学工作的基础。幼儿园新手教师要想做好幼儿教学工作，不仅应该具备专业知识，同时还要进行多元文化知识的学习。作为幼儿园新手教师，不应只是做好幼儿教育，更应在幼儿教育中促进幼儿成长。幼儿园新手教师承担的社会职责比较重要，要将幼儿教学工作与思想品德教育紧密结合起来，有的放矢地促进和加强幼儿的文化教育，传承中华民族传统文化，使幼儿形成包容开放的心态，让幼儿爱我们生活的土地，更爱我们的祖国。

幼儿教学往往是一种无形的影响，幼儿园新手教师本身就是一种教育影响因素，教师要具备专业的幼儿基础知识，同时不断提升自己。我们认为，一名合格的幼儿园新手教师，首先要具备幼儿教育基本知识，其次要不断学习社会多元文化知识，这是幼儿园新手教师进行幼儿教学的前提。幼儿园新手教师只有熟练掌握和运用这些知识，才能将知识渗透给幼儿，激发幼儿的学习兴趣，提升幼儿的核心素养。因此，幼儿园新手教师的知识结构是影响其教学能力发展的重要因素。

幼儿园新手教师在从业前，至少应掌握条件性知识、本体性知识。条件性知识指教师所具有的教育学与心理学知识；本体性知识是指教师所具有的特定学科知识[①]。对于幼儿园新手教师来说，本体性知识包括健康、科学、语言、社会、艺术五大领域的基本知识。幼儿园新手教师既要有扎实的幼儿教育理论基础知识，又要具备丰富的幼儿教学技能，将理论知识和实践相结合，才能顺利完成幼儿教学活动。然而，在实际的幼儿教学活动中，幼儿教育理论基础知识匮乏，实践经验不成熟已成为幼儿园新手教师的发展现状。幼儿园新手教师这样说：

知识肯定很重要，我们接受了4年的系统性培养，所以专业知识这一块没问题，但是这些知识的运用有时候会出现问题。大学期间我们学了很多专业知识，但当到幼儿园工作的时候，不太会用，主要是知识与实践脱节了。

——摘自教师B的访谈

① 辛涛，申继亮，林崇德.从教师的知识结构看师范教育的改革[J].高等师范教育研究，1999(6):12-17.

我们大学时候系统地学习过教育学、学前心理学等，所以我觉得专业知识这一块还可以，但是其他学科的知识比较欠缺。幼儿园教育涉及的学科非常多，如社会、艺术、科学等。我给幼儿上“有趣的声音”这一节科学课时，对声音的产生包括振动等知识点很陌生，于是我去查阅学习资料，然后运用比较具体形象的方式开展教学活动，课堂反响非常好。知识不到位，教学肯定是不到位的，在以后的工作中，我一定会努力多涉猎各学科的专业知识，包括社会科学类的和自然科学类的，使自己的知识储备更加丰富。

——摘自教师E的访谈

幼儿园新手教师只有充分发挥主观能动性，具备深厚的幼儿教学知识和技能，激发幼儿的学习兴趣，调动幼儿的学习积极性，使幼儿能够积极配合教师教学，才能达到更好的教学效果，从而进一步提升教师的教学能力。

第五章　提升幼儿园新手教师教学能力的策略

第一节　幼儿师资培养途径

一、幼儿园教师的职前培养和在职培训

（一）注重幼儿园教师的职前培养

在有条件的高等师范院校中，应开设与幼儿教育有关的课程和实践活动，为幼儿园新手教师之后的工作打下坚实的基础。幼儿教学知识和教学能力构成了幼儿园教师幼儿教学发展的基石，因此高等师范院校还要注意丰富未来幼儿园教师的教学知识，通过教学实践提高其教学能力。另外，高等师范院校应积极主动承担培训任务，为培训幼儿园教师提供大力支持。高等师范院校要切实了解参与培训的幼儿园教师的教学需求，应用多种授课方式，促进幼儿园教师的专业发展。

（二）注重幼儿园教师的在职培训

从目前幼儿园教学开展的情况来看，针对幼儿园新手教师的各种培训资源较为短缺，并不能为幼儿园新手教师提供良好的教学培训。大部分幼儿园缺少新入职教师培训机制，新教师入职后只能自行向老

教师学习、总结经验、寻找途径来谋求发展。在职培训作为最节省资源的幼儿园新手教师培训方式，应在全国范围内推广。幼儿园新手教师的在职培训主要包括教学强化、专业培训、教学能力培训等。此外，在职培训中，针对不同类型的幼儿园新手教师，还必须进行相应的强化训练。在职培训不仅有利于幼儿园新手他们之间的合作与交流，也更加关注幼儿园新手教师教学课堂的真实情况，关注他们幼儿教学实践能力的发展。因此，在在职培训中，可以同时促进幼儿园新手教师和幼儿园的发展。

二、建立幼儿园新手教师培训反馈评价机制

（一）加强幼儿园新手教师培训评价反馈

幼儿园新手教师培训的质量，对幼儿园新手教师教学能力的发展具有重要影响。做好幼儿园新手教师培训评价反馈，可以加强新手教师对幼儿园保教结合工作的认识与理解，使教师更加明确幼儿园教师专业成长的目标与方法，有利于培养新手教师的职业幸福感。幼儿园新手教师培训的质量，同时也受到授课教师教学能力的制约。所以进行幼儿教学培训的教师应该具有培训的资格，并且在授课过程中注意对培训内容进行实时的评价和改进。

（二）幼儿园新手教师培训的考评反馈

对参与系统培训的教师而言，我们必须了解其学习的效果，并对其效果进行综合考评，对考评不合格的教师继续教育，对考评合格的教师发放幼儿园新手教师资格证书。这样做还可以使培训更加科学化、系统化、优质化。在整个幼儿培训过程中要形成评价、反馈、再评价、再反馈的良性循环，形成完善的教师培训体系。首先，幼儿园

新手教师培训的评价反馈指导，要在培训过程中进行。只有这样，幼儿园新手教师才能得到有效且及时的反馈指导，以促进幼儿园新手教师教学能力的快速提高，避免出现授课教师教完就走，不管幼儿园新手教师的实际接受情况及专业发展的现象。其次，建立多元评价体系。多元评价也使得评价更加客观公正，增加教师的参与度和积极性。最后，发挥评价的自我诊断功能和激励功能。在评价中教师能够诊断自己的缺点，发现自己的长处，不断改掉缺点、发扬优点。

（三）创设“校—园”协同模式

各大高校或职业院校幼儿教育专业的学生是未来幼儿园教师的新生力量，学龄前教育赋予幼儿园新手教师的角色并不只是知识的传授者，更是幼儿生活的照顾者、幼儿行为的观察者、幼儿课程的建构者，幼儿教育活动的指导者和幼儿教育资源的整合者。创设“校—园”协同模式，做好幼儿园新手教师职业前期培养成为提高幼儿园教学质量的重要策略之一。

第一，到岗观察。高校或职业院校与幼儿园合作，进行实践教学。幼儿教育专业学生在实践课程学习过程中，到幼儿园了解幼儿园环境如何创设、一线教师如何完成教学任务、如何达到教学目标、如何提高幼儿表达能力等。

第二，跟岗见习。幼儿教育和幼儿园教学具备特殊性。幼儿教育专业见习应实行跟岗实习形式，高校和幼儿园达成幼儿教育专业见习协议，学生进入幼儿园与一线幼儿园教师进行一对一跟岗见习。每个学生由一位一线幼儿园教师指导，布置幼儿保育教育见习任务。见习学生保质完成一线指导教师布置的任务，做到在职前对幼儿教学有充分的了解和认知，清楚认识幼儿园教师的职业意义。

第三，定岗实习。在到岗观察与跟岗见习基础上，实行定岗实习。各大高校、职业院校每一年毕业季会有一大批幼儿教育专业的毕业生进入职场。但是，能留在幼儿园教学的毕业生并不多。幼儿园与高校或职业院校联合组织幼儿教育专业应届毕业生定岗实习。所谓定岗实习是指幼儿教育专业应届毕业生在进入幼儿园实习时，应是幼儿园新手教师的身份，而不是生活教师，更不是帮杂人员。基于幼儿园教学的特殊性，在毕业生实习期间应把幼儿园新手教师职业道德素养、幼儿园新手教师专业素养、幼儿园新手教师技能水平三个方面综合起来评价，评价主体由学生、幼儿园管理者、高校教育实习指导教师等共同参与。评价者采用客观公正、与时俱进的评价模式，利用幼儿园幼儿教学发展路径发展性评价，帮助幼儿实习教师形成幼儿园教育教学的完整认知与职业期待，帮助幼儿教育专业毕业生建构作为一名幼儿园新手教师所应具备的素养，开阔其职业发展视野。

第二节　搭建与优化教师教学能力发展的平台

一、加强园长对幼儿园新手教师教学能力的支持及引领

园长作为幼儿园教育活动的掌舵人，是教师教育活动的支持者和引领者。依据布朗芬布伦纳的“生态系统观”理论，“园长处于微观系统的核心地位，在不同亚系统及其联系中起着独特的主导、调控、中介与缓冲等多种作用，是教学管理者专业发展影响系统中最具有动力性的重要组成部分”[①]。由此，园长作为幼儿园新手教师的引导者，对幼儿园新手教师教学能力的发展起着重要的支持及引领作用。

①郭文英，吴红霞.浅谈幼儿园教学管理人员的专业发展与促进[J].学前教育研究，2005(11):31.

（一）加强对幼儿园新手教师教学活动的支持

我国有关幼儿教学活动的研究起步较晚，幼儿教学活动的经验有待丰富。这更加需要幼儿园新手教师的不断探索、实践、创新。在此过程中，幼儿园新手教师可能面临许多未知的教学困难。园长应为教师创设一个和谐、信任、放松、自由的氛围，使其在幼儿教学活动中能实现教学的最优化。不应给幼儿园新手教师过多教学方面的压力及消极负面的评价，要相信并肯定他们的教学能力，尊重他们对教学活动的想法，增强他们在教学活动中的积极性。在这样的环境下，幼儿园新手教师才能更好地发挥自主意识，积极促进自身专业教学能力的发展。

园长作为幼儿园资源的主导者，要为幼儿园新手教师教学能力的可持续发展提供有力的资源支持。在教学资源得到保证的前提下，教师才能更好地开展幼儿教学活动，其中有关幼儿教学的专业书籍和多媒体网络设备是必不可少的。

（二）加强对幼儿园新手教师教学活动的指导

园长不仅是幼儿园的管理者，还是幼儿园的带头人。幼儿园新手教师在实际的幼儿教学活动中，不可避免地遇到一些问题，需要园长给予专业上的指导。因此，园长应该抽出固定的时间定期参与到新手教师的教学活动中去，考察其在幼儿教学中存在的具体问题，提出相应的解决方法。当园长深入教师的幼儿教学活动中时，可了解每位幼儿园新手教师教学能力的特点，在此基础上进行指导。在园长的指导下，幼儿园新手教师可不断改进幼儿教学活动，这样不仅拉近了园长和教师之间的距离，更能提高教师的教学能力。

（三）制定有利于幼儿园新手教师教学能力提升的管理方法和制度

首先，幼儿园管理应该从硬管理变为软管理，简化管理上的程序，删除那些束缚新手教师积极性、主动性、创造性的制度，从制度约束转向职业自律和自主发展。其次，下放管理重心，向民主型管理转变。比如给予新手教师更多参与幼儿园管理的机会，使新手教师有更大的积极性投入幼儿园工作，使新手教师有更大的发展空间和更多的发展可能性。在新手教师上岗初期实施师徒制度，老教师可以在教学方面进行评价和指导，让新手教师尽快适应工作。

二、科学安排幼儿园新手教师的时间

时间是幼儿园新手教师开展教学的重要保障，是幼儿园新手教师教学能力不断提升的重要前提之一。在时间得到保证的前提下，教师才能更好地反思其在幼儿教学中存在的问题，与同事交流教学中的经验与教训，系统全面地学习幼儿专业知识。

（一）尽量减少幼儿园新手教师过多参与不必要的活动

制订系统、高效、合理的工作安排，为幼儿教学活动预留更多的时间和空间，保证幼儿园新手教师高质量完成教学活动。同时要合理整合幼儿园新手教师的时间，使其主要的时间为幼儿教学服务，零碎的时间用于其他工作任务。据笔者了解，幼儿园新手教师是加班的主力军，他们把大量的时间用于幼儿园环境创设上，没有时间或者精力再去钻研教学本身。应该给予幼儿园新手教师充足的时间以完成幼儿教学，避免琐碎的事情占用教师教学的时间。

（二）合理调配现有工作人员

幼儿教育应坚持保教结合的原则，合理调配工作人员，将保教老师的任务重组，使其参与幼儿教学活动，分担幼儿园新手教师的教学任务。加强幼儿园新手教师和保教老师之间的合作，让保教老师辅助幼儿园新手教师开展幼儿教学活动。这使幼儿教学不再止于课堂教学，还将融入幼儿的一日生活中，使幼儿在日常生活中接受教育。

幼儿园应适量引进幼儿教学人才，加强幼儿园师资队伍建设。在优秀幼儿园新手教师的带领下，促进幼儿园教师教学能力的共同发展。邀请幼儿教学的有关专家来园进行指导，建设幼儿园幼儿教学学习共同体，促进幼儿园教师教学能力的提升。聘请专任教师进行计算机管理等，减少幼儿园新手教师时间上的浪费。有了充足的时间，幼儿教学技能的相互切磋、合作、学习才能有坚实的保障。

二、加强系统化的园本培训

园本培训是提高幼儿园新手教师教学能力最方便、最有效的方式之一。国内的很多幼儿园会开展具有园本特色的培训，而园本培训的方式也是多种多样，各具地方特色。但目前园本培训并没有形成较系统的培训方案，培训活动之间的关联性较弱。

（一）加大幼儿园园本培训力度

不同地区幼儿园之间的实际状况不同，面临的培训困境不同，应根据实际情况采取具有针对性的措施解决园本培训面临的问题。此外应该增加园本培训的次数，在一定时间内规定具体的培训次数，明确培训目标。加大园本培训的力度，根据幼儿园新手教师的教学能力和学习能力的现实情况，实施不同强度的园本培训，使能力强基础好的幼儿园新手教师帮助能力弱基础差的幼儿园新手教师，在园本培训中共同提高幼儿教学能力。立足于幼儿园，以新手教师在工作中存在的实际问题为研究对象，通过对问题的研究，提出新手教师后续教学和发展的方案，有针对性地解决实际问题，发挥幼儿园园长和老教师的引领作用。

（二）发挥园本培训的独特作用

幼儿园一定要发挥自身优势，以及所在地区的优势资源，根据幼儿园发展的历史和特点，开展具有特色的园本培训，使园本培训多元化。在培训对象上，将幼儿园新手教师按不同标准分层，针对不同层别的教师培训不同的内容。根据幼儿园新手教师的不同特点，采用灵活多样的培训手段及方法。在培训内容上，运用“菜单”式的培训模式，使培训内容动态化，选取适合本园的培训内容。还应注重培训内容的多元化、实际性和前瞻性，不断引进科学的培训方法和教学理念。在培训手段上，可以将理论讲座、实地观察、教学比赛等多样化培训手段相结合。幼儿园应在园本培训中探寻摸索属于自己的园本培训模式。

（三）建构幼儿园新手教师学习共同体

建构主义理论提出，为了完成一定的学习任务应建立一定的学习情境，学习的环境和条件都会影响学习者知识建构的水平。可以说，发展双教师学习共同体，不仅能够使教师了解不同幼儿园新手教师所具有的专业知识、技能，还能改善幼儿园新手教师的学习环境，不断满足幼儿园新手教师在教学中的情感、态度需要。

为了促进幼儿园新手教师教学能力的发展，应该建立幼儿园新手教师专业发展共同体，将一定范围内的幼儿园新手教师聚集起来共同致力于幼儿教学发展。通过确立共同发展目标，制订教师专业发展规划，共同促进幼儿园新手教师的专业发展。此外，还要以幼儿园新手教师的教学能力为核心，建立属于每个地区的幼儿园新手教师专业发展共同体，在共同体内营造相互学习的氛围。

加强幼儿园新手教师和园内教师共同体的建设。这将由幼儿园新手教师自主、自愿参与教师共同体的建设，制定共同体的目标和章程，组织幼儿教学活动内容。共同体组建后，幼儿园新手教师可以通过固定的时间进行交流，在不断学习中激发学习的动力，从而提高教学能力。幼儿园新手教师与园内教师共同体在规范化的学习交流中，也有利于形成共同体意识。

幼儿园新手教师共同学习有利于减轻他们在职初期的不适应。入职初期是教师专业成长的关键阶段，在此期间的职业适应情况不仅会影响其专业成长与职业生涯的发展，而且会影响其教学热情。幼儿园新手教师共同学习和交流，可以共同解决工作中的难题，形成合力，营造互帮互助的和谐氛围，缓解工作压力。新手教师之间还能产生竞争机制，带动教学能力等的发展和提高。

四、营造和谐的幼儿园文化氛围

幼儿园作为幼儿专业新教师的主要工作场所，其文化氛围在潜移默化中影响教师的专业发展。幼儿园的物质文化和精神文化构成了幼儿园的文化氛围。幼儿园的文化氛围是幼儿园的财富，是全体幼儿园教师共同努力的成果。良好的幼儿园文化氛围会增强幼儿园新手教师的工作动力，有助于激发幼儿的学习动机。从许多的调查研究中可以发现，缺失民主合作交流的幼儿园，会对幼儿园新手教师的专业发展产生不利影响，挫伤幼儿园新手教师自我专业发展的能动性。消极的不健康的幼儿园文化氛围，会导致幼儿园新手教师产生消极的教学意识，这在很大程度上会影响幼儿园新手教师对待幼儿教学的态度和学习的积极性。因此，建立和谐、互助、温馨的幼儿园文化氛围十分重要，不仅可以提高幼儿园新手教师的教学热情，还可以促进其教学能力的发展。

第三节　坚定幼儿教学信念，及时进行系统反思

一、提升专业情感，坚定为幼儿教学奉献的理想和信念

从心理学上分析，人的行为动力来自内心深处的需要和欲望，其表现形态为物欲、兴趣、情感、信念、理想等，它们构成一个人的行为动力系统①。如果仅在物质上满足幼儿园新手教师的要求，并不能有效地促进其教学能力持续发展。提升幼儿园新手教师对高级理想、信念的追求，将为幼儿园新手教师教学能力的发展提供源源不断的动力支持。积极转变自身角色，增强职业认同感，是促进新教师职业适应的重要策略。新教师应该从自我认同的角度出发，使自己从学生身份脱离，融入教师身份；从被保护者身份融入保护者身份。新教师对自身角色认同，才能够更好地投入工作和学习，为幼儿教育事业甘于奉献。

（一）转变幼儿园新手教师观念

我们要转变幼儿园新手教师的传统教育观念，使其树立终身教育理念，重新解读新时代下幼儿园教师观。随着现代社会科学技术的不

①步社民，黄昌财．师德要素与幼儿园教师专业成长[J]．幼儿教育，2004(1)：20-22.

断发展，学习的范围也在不断向更广阔的领域延伸。因此，如果幼儿园新手教师不能定期获得科学的、新的幼儿教学知识和新兴的幼儿教学技术的训练，是很难满足新时代对幼儿园教师提出的要求的，也难以适应时代发展的变化和挑战。终身教育理论中要求幼儿园教师不断进行学习，学会学习，具备解决问题的能力，并且在不断地解决问题中提高自己的幼儿教学能力。重构幼儿园新手教师教育观，要求幼儿园新手教师理解自己与幼儿之间的相互作用，能够深入掌握幼儿教育学习的内涵，把握幼儿发展和认知的普遍规律。

幼儿园新手教师必须了解到自己才是专业发展的主要对象，要提高整体教学水平，提高自我发展意识。促进幼儿园新手教师根据自己的教学经验及自身的优缺点，为自己规划专业发展的方案，并在方案的指导下，不断突破、超越、完善自己，鼓励自己提高幼儿教学水平。

（二）培养幼儿园新手教师的专业情感

情感是一种稳定的态度体验，教师对学前教育事业、对幼儿的热爱是一种高级情感，它促使教师的专业成长成为一种自觉的内在需求。在情感的支撑下，教师才能够坚定为民族及国家教育事业努力奋斗的信念，才会更加用心地投入幼儿教学工作，促进幼儿的发展。幼儿园新手教师的专业情感不是一朝一夕培养出来的，是从入园时便开始培养的，是在各种园本活动中逐渐形成的。

（三）树立为学前教育事业奉献的理想和信念

理想和信念是幼儿园新手教师自我发展的高级动力系统。教师的崇高理想和信念将会推动其专业持续不断地发展，幼儿园新手教师若怀有为学前教育事业献身的高级理想，便成为其教学能力不断提升的永久动力。对幼儿园新手教师而言，不仅肩负着教书育人的使命，还肩负着文化传承的使命。幼儿园新手教师必须坚定信念，为幼儿教育事业不断努力，为民族事业作出贡献。

二、加强与幼儿专家、同行、幼儿的交流与合作

英国评论家萧伯纳曾说过：“你有一种思想，我有一种思想，彼此交换，每个人就有了两种思想。”对话作为人类交流与合作的主要方式，是教师增加教学知识和技能的重要途径之一。幼儿专家作为幼儿教学理论的研究者，掌握着较为先进的幼儿教学理论，与其深入交流，可了解最新的幼儿教学发展趋势及研究热点，这有利于幼儿园新手教师能力的发展。

每一位教师都有自己的闪光点，与同行对话，不仅可以相互借鉴，还可以取长补短。蒙古族、汉族教师之间的交流合作，不仅是个体知识的互换，更是两种文化的碰撞。这种碰撞所带来的火花，有利于提升各自的幼儿教学能力。幼儿园应为园内的新教师提供交流的机会，如举办幼儿教学比赛、幼儿教学展示课、幼儿教学讲座等。

幼儿是独特的个体，他们不仅有自己的特点，还喜欢与教师对话。幼儿与幼儿园新手教师在日常生活中的对话，不仅可以使幼儿园新手教师了解幼儿的语言发展水平，也可以促进师幼之间情感的交流。所谓教学相长，就是通过教师和幼儿之间的对话，促进幼儿各方面能力得到发展的同时，教师的教学能力也得以提升。教师在与幼儿交流过程中，应注意倾听幼儿的语言表达，不要忽视幼儿的语言发展规律。此外在幼儿教育活动中，教师与幼儿之间应该形成“对话的合作”，形成平等的对话关系，携手并进，共同进步。

三、成为行动研究者，以科研促发展

幼儿教学活动实践是教师教学能力发展的重要途径，如今，教学研究逐渐向教学实践回归，行动研究是教师针对实践中的问题进行研究的一种研究方法，它是真正的来自实践又回到实践，在不断的实践再实践中找到解决问题的方法。教师在教学实践中不断发现问题，解决问题，以促进自身专业的不断发展，幼儿园新手教师也不例外。幼儿园新手教师在不断地尝试、完善幼儿教学的同时，各方面教学能力得到了提高。比如：幼儿教学目标的制定、内容的选择、教学方法的运用，都需要教师在实际教学活动进行中长期探索。幼儿教学课堂为幼儿园新手教师提供了教学实践的场所，也促进了幼儿园新手教师教学能力的发展。

作为一线幼儿园新手教师，要身体力行成为行动研究者，将实践中的“行动”和理论中的“研究”相融合，找到幼儿教学课堂实践与幼儿教学理论之间的纽带，以实践促理论，以理论带实践。“在实践中研究，在研究中体验，在体验中提高，使之成为教师的一种职业生活方式以期来促进教师的教学能力发展。”①

开展有效的园本教研活动。园本教研是指以幼儿园发展过程中所遇到的实际问题为研究对象，以幼儿园教师为研究主体，运用一定的研究方法所开展的旨在促进幼儿园发展的研究活动的总称，可以改善和提高幼儿园管理与教育质量，是以促进人的发展为目的的教育研究探索活动。园本教研是以幼儿园为本位的日常教学研究，在园本教研中带动新教师，不仅可以提高新教师的教育教学能力，使教师成为研究主体，还有利于新老教师的交流和创造性想法的产生。

①王宪平.课程改革视野下教师教学能力发展研究[D].上海:华东师范大学,2006:158.

四、勤于反思

1989年美国著名心理学家波斯纳提出教师成长的公式：成长 = 经验 + 反思。反思作为影响教师专业提升的关键性因素，对幼儿园新手教师的专业发展尤为重要。幼儿园新手教师在幼儿教学中遇到的各种问题，需要在课后进行反思，以提高其教学质量。而幼儿教学的复杂性也决定了幼儿园新手教师必须时刻对自己的教学行为及实践进行评估和检讨，了解自身存在的优点及不足。如今，教学反思已成为幼儿园新手教师教学能力发展的必要途径。

（一）加强幼儿园新手教师的反思学习

反思学习是一种教师针对自己的教学行为进行不断反思以求改进的自我发展策略。对一线教师来说，反思学习具体包括两种：记录和事件反思。刚入园的幼儿园新手教师应多进行记录，在幼儿教学活动中，记录一些视频片段、教学中的一些场景、一些典型案例等，在课后不断反思，发现自己在教学中存在的问题并积极寻找解决方法。而经验较丰富的教师对于教学已经比较熟悉，能够形成记忆模块，则更应进行事件反思，通过回顾自己在课堂教学中值得反思的事件，以促进自我专业能力的发展。反思需要幼儿园新手教师抓住课堂教学的问题，捕捉要点。对于没有经验的新手教师，园长应给予更多的反思指导，同时进行培训，或是搭建学习平台，提升他们的反思学习能力。对于老教师，要调动他们的积极性，防止职业倦怠，促使他们形成系统的反思学习方法，以带动新教师。

（二）提升幼儿园新手教师解决问题的能力

幼儿园新手教师在教学反思中，会发现不同的教学问题，需要其找到适合的方法解决。幼儿园新手教师不仅要反思自己在教学过程中存在的问题，还要找到提高自己教学能力的方法。幼儿园新手教师要反思自己设计的幼儿教学活动为什么在实施中效果不理想；反思自己所选幼儿教学内容为什么没被幼儿接纳。对幼儿教学能力的种种思考，促使幼儿园新手教师不断调整、改进，在解决“怎么样”“为什么这样”“怎么办”“怎么好”等问题的过程中得到能力提升。幼儿园新手教师要养成自我反思的习惯，认真对待自己上的每一堂课、开展的每一个活动，无论活动开展得是否顺利，都要在结束后自我反思，积极总结经验，找到其中的优点和不足，或保持或改正。自我反思是教师进步和成长的关键，及时发现自己存在的问题，在不断反思中促进自身成长。

第六章　幼儿园新手教师教学活动设计案例与反思

第一节　大班社会活动“环保标志会说话”教学设计

一、设计意图

《3—6岁儿童学习与发展指南》中要求5—6岁幼儿要做到爱护身边环境，注意节约资源。《幼儿园教育指导纲要（试行）》中明确指出，应教育幼儿爱护动植物，关心周围环境，亲近大自然，珍惜自然资源，有初步的环保意识。我班幼儿近期经常讨论去草原旅游的话题，草原卫生问题是孩子们关注的焦点。我发现，尽管大班幼儿已经有了一定环保意识，但大部分幼儿对环保的认识还不够深入，无法正确辨识常见环保标志，缺乏环保知识和行动自觉。因此，我以草原环保为主线，设计了一节认识环境保护标志的教学活动，通过活动提升幼儿的环保意识和环保能力。

二、活动目标

1.知识与技能目标

认识草原上常见的6种环保提示标志，尝试设计简单的环保标志。（教学重点）

2.过程与方法目标

体验对环保“标志”认知加深的过程，掌握和理解日常环保标志的含义。（教学难点）

3.情感态度与价值观目标

知道保护环境的重要意义，提高幼儿的规则意识和环保意识。

三、活动准备

（一）材料准备

PPT、手绘环保标志卡片、剪刀、彩笔等。

（二）经验准备

幼儿具备简单环保知识和标志的经验积累。

四、活动过程

（一）导入环节

对比草原景观图片，引出环保标志主题。

1.师生活动设计

展示不同草原景观图片（图6-1），引导幼儿观察。

图6-1　草原风景图

教师："小朋友们大家好，今天老师要带你们去一个美丽的地方。看！这是哪里呀？哇，草原可真美啊，有绿油油的小草，成群的牛羊，还有清澈的河水。""那我们接着看，呀，草原怎么了？我看到好多小朋友小眉头都皱起来了。"

幼儿阐述环境被破坏的草原的图片。

教师："噢，你们说看到草原上有很多矿泉水瓶，还有塑料袋，到处都是垃圾，草原都不漂亮了，小草也不长了，好可怜啊！""诶？这里怎么起火了？小草都被烧焦了，我们可爱的小牛小羊没有食物了是不是。"

教师与幼儿讨论，思考保护草原的方法。

教师："唉，大草原怎么变成这样了？小朋友们有没有什么好的办法，来保护大草原呢？"

幼儿自由发言，阐述保护草原的方式方法。

教师："这么多小朋友都说出了办法，比如不要在草原上随意驾车，不要在草原上随意用火，大家都说得很对。""这位小朋友还说我们可以在草原上放一些标志来告诉大家，哪些事情可以做，哪些事情不要做。恩，老师觉得你们都好聪明啊。"

2. 主要设计意图

草原景观对比图导入，能够吸引幼儿的注意力，直观明了地将幼儿带入主题。通过教师与幼儿讨论活动，可以轻松自然地引导幼儿认识环境破坏，增强幼儿环境保护的意识，为下一活动环节做铺垫。

（二）观察与分析环保标志，理解标志的内涵

1. 师生活动设计

教师引导幼儿观察红色与绿色，认知禁止标志与允许标志。

教师："那你们来看一看，这是什么颜色？""你们说是红色的。那再看一看中间的一道斜杠，这是什么意思呢？""哦，你们说是不可以的意思。""是的，大家看到红色的、带有斜杠的标志，就是不允许、不可以做的意思。它叫'禁止标志'。"

教师："我们再来看这张图片，小朋友都说是绿色的。那你们来猜一猜绿色代表什么呢？""哇，你们好聪明啊，它代表允许、可以做的意思。"

2. 出示草原常见环保标志，加深幼儿对标志的认知与理解

教师："今天老师带来了草原上常见的几个标志，请小朋友来认一认。"

幼儿在教师引导下阐述标志的含义。

教师："这个图（图6–2，左图）是'禁止标志'，那么大家来看，这里是说小朋友不可以乱丢垃圾。那右边这个标志谁见过呢，这个字母它读什么？""对了，它读P，P在标志中代表停车的意思，所以这个标志它代表可以停车。小朋友们都学会了吗？"

教师："诶？最后的这张图你们看到了什么？大家都看到了小火苗。那其他两个工具呢""还是老师来讲一讲吧！这是火焰切割器，这是一把小电焊，这个标志的名字叫可动火区，它表示在这里是可以用火的，用火是安全的。"

图6-2　常见标志图

3. 主要设计意图

根据本班幼儿原有的颜色经验，设计红色禁止标志与绿色允许标志来引出常见环保标志，从易到难调动幼儿积极性。在标志认识过程中，以幼儿为主体，充分发挥他们的观察力。教师根据幼儿的发言，不断总结和讲解标志的基本特点及含义，使幼儿了解环保标志，增强环保意识。

（三）引导幼儿制作环保标志，形成环保意识

1. 师生活动设计

（1）提供半成品手工材料，引导幼儿创作。

教师："小朋友们请看美工区，老师给大家准备了允许和禁止标志的卡片。我们快来设计一个可以保护草原的环保标志吧。"

教师："诶，丫丫你做的标志好漂亮啊，这代表什么意思啊？"

幼儿阐述自己设计的标志的含义。

教师："奥，丫丫说了，她画的是禁止标志，里面有一个正在冒烟的香烟，这个标志告诉人们在草原禁止吸烟，吸烟容易着火。"

（2）播放草原美景视频，培养幼儿自觉保护环境的意识。

教师："哇，小朋友们太有创意了，你们的想象力真丰富呢，我想如果大家都能去保护环境，按环保标志指示行动，草原一定能回到它最初的美丽模样。"

2. 主要设计意图

半成品的手工材料，给幼儿发挥想象力和创造力的空间，引导幼儿

更进一步理解环保标志的内涵。壮观绿色的草原环境激起幼儿的责任意识，明白遵守标志指引、保护环境的重要意义，将保护环境的行动落到实处。

五、活动反思

“禁止乱扔垃圾”“停车区”等标志与我班幼儿生活关系密切，是社会性教育的内容之一。本次教学活动设计，充分展现了以幼儿为本的理念，遵循幼儿亲身体验的学习方式。通过对比、观察认知、自我创作等环节帮助幼儿认识草原常见标志，加强幼儿的环保意识，同时还培养了幼儿热爱大自然、热爱环境的情感。但在本次教学活动中，我感受到由于环保标志是一种相对抽象的符号，因此活动讲解存在相对枯燥的部分，如何始终保持幼儿的积极性是未来教学中我应该关注的地方。此外，由于幼儿自我经验的储备差异较大，在标志设计过程中，完成度有所不同。在今后的活动中，我会做到关注幼儿个体差异，因材施教，使每位幼儿都能全面发展。

第二节　中班艺术活动“变变变”教学设计

一、设计意图

《变变变》整本书的画面简单，色调明快，主要以红黄蓝三原色为主，让幼儿感受两种基础颜色混合在一起会产生一种新颜色的神奇，让幼儿动手去蘸、去摸，通过翻页、合起书页等操作，引导幼儿认知颜色混合，享受阅读、学习的乐趣。

二、活动目标及重难点

（一）活动目标

1.知识与技能目标

认识颜色并知道几种颜色混合后发生的变化。

2.过程与方法目标

活动后能动手操作颜色混合的实验。

3.情感态度与价值观目标

能感受读绘本的乐趣并喜爱阅读。

（二）活动重难点

1.重点

认识颜色并知道几种颜色混合后发生的变化。

2.难点

认识颜色并知道几种颜色混合后发生的变化。

三、活动准备

准备《变变变》绘本。

四、活动过程

（一）“变魔术”游戏导入

教师：“老师今天带来了一本有魔法的书，它可是会变魔术的哦！

想不想知道它会变什么魔术呢？那你们可要睁大眼睛仔细看好了，它要开始啦！”

教师出示教具，变魔术。

（二）绘本游戏

1.通过“灰色小点”游戏进行师生互动，引出绘本内容

教师：“这里有一个灰色小点，我们来看会发生什么？”（教师让幼儿用手按住）

教师：“请睁大你的眼睛，仔细看哟，这里发生什么变化了呢？是不是很神奇？哇哦，你会变魔术呀。”（教师让幼儿把手放上去）

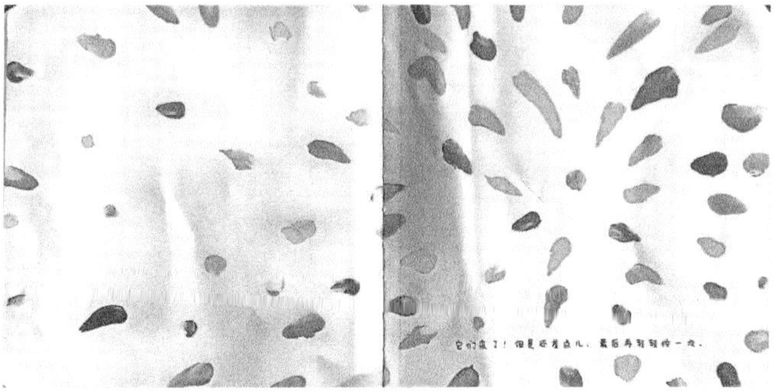

图 6-3　灰色小点游戏道具

2.通过动手操作，体现红黄蓝三原色互相混合

教师：“伸出小手，蘸一点蓝色，然后把手放在右边的黄色上面，发生了什么？”（教师让幼儿蘸、摸）

教师：“有变化吗？变成什么样了？”

教师依次混合红、黄、蓝三原色，形成橙、紫、绿三间色。

教师：“左右晃一晃蓝色和黄色，会发生什么呢？”（教师让幼儿晃）

教师：“很好，变成了什么？”幼儿：“绿色。”

教师："把书向右倾斜会怎么样呢?"（教师让幼儿倾斜）

教师："没错，变成了紫色。"

教师："合上书等一会儿让左边和右边的颜色抱一抱，会发生什么?"

教师："发现了什么颜色?"幼儿："橙色。"

教师："用手在整个页面上涂抹又会看到什么颜色呢?"幼儿："紫色。"

教师："要把这些圆点变绿该怎么做?"（教师让幼儿回答）

3.通过游戏，分别加入黑白两色后观察色彩的变化

第一步，请幼儿试一试，加入白色会使颜色发生什么变化；第二步，请幼儿试一试，加入黑色会使颜色发生什么变化。

总结：白色的加入可以使别的颜色变浅，黑色的加入可以使别的颜色变暗，白色和黑色混合在一起会变成灰色。

4.和魔术说再见

教师："大家已经学到很多了，现在把手放好数到5，一起和魔法说再见吧。"

（三）活动结束，教师总结

教师："各位小魔术师们可真厉害，能变出这么多神奇又好看的颜色。下面该到小朋友们自己去调色啦，试试其他颜色混合会发生什么吧！记住，让自己开心才是最重要的哦。"

五、活动延伸

活动后在教室的科学区和美工区操作实验红黄蓝三种颜色的混合。

第三节　中班艺术活动“有趣的瓶子宝宝”教学设计

一、设计意图

瓶子是我们日常生活中随手可得的材料，玩法多样，是幼儿园组织教学活动重要的材料来源。《幼儿园教育指导纲要（试行）》强调，要指导幼儿利用身边的物品或废旧材料制作玩具、手工艺品等来美化自己的生活或开展其他活动；在支持、鼓励幼儿积极参加各种艺术活动并大胆表现的同时，帮助他们提高表现的技能和能力。因此，我以生活中常见瓶子为基础，设计了一节中班艺术活动“有趣的瓶子宝宝”，利用丰富的材料，让幼儿大胆进行艺术创作，设计漂亮的瓶子。同时，将常见的物品（花生、太空沙等）装入瓶子中，制作音乐活动用具，结合奥尔夫音乐开展活动，提高幼儿的艺术素养，促进幼儿身心和谐发展。

幼儿发展阶段与水平：中班幼儿思维处于具体形象阶段，缺少空间立体感，分类和比较能力也有待加强，需要我们设计相应的活动来帮助提升。随着年龄的增长，中班幼儿在审美、抽象思维和观察能力方面，较小班都有了很大的提高，能够在较短时间内捕捉到事物的差异，有意注意时间可以保证幼儿完成创作任务，生活范围的扩大也使他们有了自己对于美的感受，手部可以完成粘贴、撕扯、摇晃等相对精准的动作。

幼儿已有经验：幼儿已有使用扭扭棒进行折叠、缠绕、揉捏等动作的经验，使用过剪刀进行裁剪，会使用双面胶粘贴物品；幼儿已有初步理解和表现歌曲的形象、内容和情感的经验，并能够注意使自己的歌声与集体相一致。

二、活动目标及重难点

（一）活动目标

1.知识与技能目标

能够利用材料按照自己的想法装饰瓶子，知道软硬不同的物品与瓶子碰撞后声音不同，会用瓶子宝宝随音乐正确打节拍。

2.过程与方法目标

体验一个普通瓶子到艺术作品及乐器的形成过程，掌握从教学内容中获取信息、整理信息和接受信息的方法。

3.情感态度与价值观目标

乐意尝试不同的装饰材料，体验音乐游戏的快乐。

（二）活动重难点

1.活动重点

按照自己的想法装饰瓶子，能够较为恰当地利用瓶子宝宝打节拍。

2.活动难点

能够根据音乐强弱及节奏较为恰当地用瓶子宝宝打节拍。

三、材料准备

空塑料瓶、扭扭棒、彩色毛球、花生、彩砂、双面绵纸胶等操作材料若干；奥尔夫音频《沙沙沙》；多媒体课件等。

四、活动过程

（一）导入

1.瓶子宝宝变变变

（1）教师以魔术师的身份出现，通过“瓶子宝宝变变变”的魔术游戏，将未装饰的瓶子变成装饰精美的瓶子。

教师：“小朋友们大家好！我是魔术师妍妍，今天我要给大家表演一个魔术（教师拿出未装饰的瓶子进行展示），你们猜一猜这个魔术跟什么有关呢？这个魔术的名字就叫作‘瓶子宝宝变变变’。请仔细看，我要开始变魔术了！”

（2）教师向幼儿展示装饰好的瓶子，引导幼儿发现瓶子上面的装饰，师生开始讨论。

教师：“你知道怎样让瓶子宝宝变漂亮吗？你在瓶子宝宝上观察到了什么？你想要用什么材料来装饰瓶子宝宝呢？”

图6-4　装饰瓶子图

2.瓶子宝宝穿花衣

（1）教师播放记录装饰瓶子过程的短视频，并提出问题。

教师："看来大家都喜欢漂亮的瓶子宝宝，那让我们一起来仔细看一看，怎样才能让瓶子宝宝穿上美丽的花衣服吧！"

问题一：视频中你们都看到了哪些材料？你们知道怎么使用这些材料吗？

问题二：瓶子宝宝变美丽的过程是怎么样的？

问题三：你想怎么装饰你的瓶子宝宝？

（2）幼儿自主进行操作，利用材料设计和装饰瓶子。

教师："老师也给大家准备了许多有趣的材料，请小朋友们用这些材料给瓶子宝宝做一件美丽的衣服吧！"

（3）教师请幼儿展示装饰好的瓶子，并进行总结。

3.瓶子宝宝来唱歌

教师："瓶子宝宝穿上了漂亮的衣服，它们高兴得都想唱歌了，我们怎样才能让瓶子宝宝发出声音呢？老师这里也有一个好办法，让我们一起试一试吧！"

（1）教师出示花生、彩砂，师生讨论。

教师："小朋友们，你们认识这些材料吗？花生和彩砂，谁能让瓶子宝宝发出更大的声音？谁来说一说？"

（2）幼儿自主进行试验，得出结论。

教师："小朋友们真棒！原来是花生的声音大，彩砂的声音小。你们知道哪些小动物的声音很大，哪些小动物的声音很小吗？今天老师也请来了两位小动物，让我们用瓶子宝宝模仿它们的声音吧。"

教师出示大猫咪和小老鼠的卡片，引导幼儿自由选择花生或彩砂装入瓶子，摇动出大猫咪和小老鼠的声音，感受用力大小不同，发出的声音不同。

教师播放音乐《沙沙沙》，将幼儿按照选择的材料分为大猫咪组（花生）和小老鼠组（彩砂），伴随音乐和幼儿一起按节拍用瓶子发出适宜的声音。音乐结束后，两组互换瓶子，再次播放音乐用瓶子进行演奏。

（二）活动小结

教师引导幼儿按组站成两排，在音乐中用瓶子宝宝进行演奏，同时走出教室，欢快地结束活动。

五、活动延伸

开展作品展示会，请每一位幼儿对自己的作品进行展示和介绍，并请其他幼儿说一说他们眼中的作品是什么样的。

六、设计思路

本活动由瓶子宝宝变变变、瓶子宝宝穿花衣、瓶子宝宝来唱歌三个部分组成，层层堆叠开展教学。运用现代教育技术，从视觉、触觉、听觉等方面激发幼儿学习兴趣，为幼儿营造轻松愉快的学习氛围，使幼儿主动、积极、富有创造力地参与艺术活动，获得全面和谐的发展。

活动设计由循序渐进的三个部分组成，始终以幼儿的发展为本，以培养幼儿的艺术能力和审美情趣为目标。

（一）魔术激发兴趣

变魔术是本活动的铺垫部分，采用魔术师变魔术这一情境吸引幼儿的注意力，激发他们的兴趣。中班幼儿好奇心较强，善于观察和思考，针对这一特点，我设计用魔术变出装饰好的瓶子，引导幼儿进行观察和思考，为之后的活动环节做了充分的铺垫。

（二）自主观察与动手操作

中班幼儿的思维是具体形象的，单一地向幼儿传授讲解不能获得很好的活动效果，因此我在“瓶子宝宝穿花衣”这一活动环节，录制装饰瓶子宝宝的视频，对活动内容进行完整的示范，为幼儿提供具体直观的模仿范例，使幼儿更好地理解和掌握。引导幼儿对装饰瓶子进行细致的观察和描述，设计巧妙精准的提问，师幼进行讨论，激发幼儿的好奇心和探索欲，点燃幼儿思维的火花。《幼儿园教育指导纲要（试行）》中指出：“幼儿的创作过程和作品是他们表达自己的认识和情感的重要方式，应支持幼儿富有个性和创造性的表达，克服过分强调技能技巧和标准化要求的偏向。”因此，引导幼儿自主装饰瓶子，大胆进行创作。针对幼儿个体差异，在恰当的时机给予正确的干预和指导，激发幼儿的主观能动性。

（三）音乐游戏感知艺术

“瓶子宝宝来唱歌”是本活动的一个重点环节，发放材料花生、彩砂，引导幼儿自主探索不同材料在瓶内发出的声音。组织幼儿以小组为单位，根据音乐用自制的瓶子道具打出适宜的节拍。让幼儿通过自身操作，独立进行学习活动，在“做中学”“玩中学”的过程中，增强幼儿的音乐体验和音乐表达，从而顺利地实现活动目标。

（四）本活动的设计特点

1.教学模式的改变

不同的教学内容有不同的教学模式。在“瓶子宝宝来唱歌”这一活动环节，力求改变以往教师直接传授知识的模式，而是通过让幼儿亲身实践，操作材料，来体验音乐情景中所要表达的“大猫咪”和

"小老鼠"的声音特点，从而激发学生的探究欲望和学习兴趣。

2.教学方法的改变

在整个活动中，教师主要起点拨、示范、启发、引导的作用，摒弃以往的一问一答式，遵循以幼儿为主体的理念，给幼儿足够的空间。活动中运用自主创作和操作实践让幼儿模仿、创作、实践、探究，在潜移默化中培养了幼儿的综合能力。

整个活动设计主要以培养幼儿的艺术能力与创造能力为目标，以培养幼儿对艺术的积极情感为核心。但本次活动还存在一定的缺点，有待研究改正。

第四节　大班语言活动"风在哪里"教学设计

一、设计意图

语言教学是幼儿教学的重要组成部分，大班幼儿已经具备了一定的语言基础，教师可以多样化的语言教学形式，促使幼儿的语言表达能力得到进一步发展。《幼儿园教育指导纲要（试行）》强调，要引导幼儿接触优秀的儿童文学作品，使之感受语言的丰富和优美，并通过多种活动帮助幼儿加深对作品的体验和理解。为此，我设计了"风在哪里"这一语言活动，创设宽松、自由的语言发展环境，提供给幼儿充分的感知、体验、表达语言魅力的机会，以促进幼儿语言发展。

大班幼儿具有更强的理解能力和观察能力，他们已经具备一定的语言学习综合能力。大班幼儿不仅能够学习到不同的语言形式，还可以对语言含义进行感性的揣摩，个性化特征明显。幼儿会变通及选择性地模仿日常生活或动画片中听到的词语，从而创造性地使用模仿到的语言，因此具有明显的个性特征。大班幼儿能够独立探索应用日常语言的规律，并能够在好奇心及表现欲的驱使下不断积累语言词汇。

幼儿已有经验：幼儿对风有一定的认识和经验。

二、活动目标及重难点

（一）活动目标

1. 知识与技能目标

能够理解并学习诗歌，了解诗中所提到的自然现象。

2. 过程与方法目标

能够大胆表达和交流自己的想法，能创造性地使用诗中的词汇。

3. 情感态度与价值观目标

感受诗歌《风在哪里》的优美意境。

（二）活动重难点

1. 活动重点

能够大胆表达和交流自己的想法，能创造性地使用诗中的词汇。

2. 活动难点

能创造性地使用诗中的词汇，如翩翩起舞、轻轻晃动、频频点头等。

三、材料准备

记录风的声音的音频，树、花、草的图片。

四、活动过程

（一）导入——风的声音

1.教师播放风的声音，师幼讨论

教师："小朋友们大家好！今天老师给大家带来一个好听的声音，你们听一听，这是什么声音呀？你们看见过风吗？刮风的时候，我们周围的事物有什么变化？"

2.教师总结

风能让东西动起来，我们可以用眼睛看，用身体感觉。

（二）感受——风在哪里

1.教师朗诵诗歌，并提出问题

教师："今天，老师带来一首诗歌，《风在哪里》，小朋友们仔细听，诗歌里说了什么？"

2.教师出示花、草、树木的图片，引导幼儿边欣赏边理解诗歌内容

教师："这首诗很优美，小朋友们听得很认真，风吹在树儿、花儿、草儿的身上，它们都感受到风来了。那它们是怎么说出感觉的呢？让我们一起来看一看，听一听诗歌里是怎么说的。"

教师："风吹过的时候，树儿、花儿、草儿都和风一起舞蹈，心情非常的愉悦！风不但能使万物生机勃勃，还能给我们带来收获和果实。瞧！美丽的风姑娘来到了我们身边，春天到了，风吹绿了大地。夏天很热，风来了，你是什么感觉？"

3.教师朗诵诗歌，幼儿再次欣赏

教师："风的本领真大，它就像一个魔术师，把我们的大自然变

得更加漂亮。现在让我们再一次欣赏《风在哪里》，小朋友可以跟着我一起轻轻地念。”

4.教师播放课件，引导幼儿朗诵诗歌

教师：“小朋友们喜欢这首诗吗？你喜欢哪个季节的风？为什么？这首诗表达的是风给我们带来的各种美，我们应该用轻柔、优美的声音来朗诵这首诗。现在就让我们一边感受风给我们带来的美，一边用轻柔、优美的声音来朗诵吧。”

（三）创作——风在哪里

1.师生自由讨论，学习仿编诗歌

教师：“树儿、花儿、草儿都感觉到了风，找到了风。刮风的时候，还有谁能找到风呢？让我们来看一看。（出示风筝、风车图）现在我们也来编一首风的散文诗，当风吹过风车的时候，风车会发生什么变化？当风吹过风筝的时候，风筝会怎么样？小朋友们来编一编。”

2.展示

请幼儿朗诵自己编好的诗给大家听。

（四）活动小结

教师：“我知道还有好多小朋友也想说说自己编的诗句，现在就请小朋友们跟我一起到美丽的大自然里找一找，说一说吧。”

（五）活动延伸

开展诗歌作品展示会，请每一位幼儿朗诵自己编的诗歌，请其他幼儿说一说他们眼中的这首作品是什么样的。

五、设计思路

本活动由“导入——风的声音”“感受——风在哪里”“创作——风在哪里”三个部分组成，层层堆叠，开展教学。并运用现代教育技术，从视觉、听觉等方面激发幼儿学习兴趣，为幼儿营造轻松愉快的学习氛围，使幼儿主动、积极、富有创造力地参与语言活动并获得全面和谐的发展。

活动设计以循序渐进的三个部分组成，始终以幼儿的发展为本，以激发幼儿对语言活动的兴趣、培养幼儿的语言能力发展为目标。

（一）声音激发兴趣

“风的声音”是本活动的铺垫部分，利用这一活动吸引幼儿的注意力，激发他们对活动的兴趣。大班幼儿好奇心较强，善于观察和思考，针对这一特点，我播放“风的声音”引导幼儿进行观察和思考，为之后的活动环节做了充分的铺垫。

（二）图文赏析，深入感受

在“感受——风的声音”这一环节，引导幼儿结合树儿、草儿、花儿的图片理解诗歌内容。教师设计巧妙精准的提问，教师和幼儿进行讨论，激发幼儿的好奇心和探索欲，点燃幼儿思维的火花。《幼儿园教育指导纲要（试行）》中指出：“为幼儿的探究活动创造宽松的环境，让每个幼儿都有机会参与尝试，支持、鼓励他们大胆提出问题，发表不同意见，学会尊重别人的观点和经验。”因此，我引导幼儿大胆进行猜想并表达自己的想法，针对幼儿个体差异性，在恰当的时机给予正确的干预和指导，激发幼儿的主观能动性。

（三）积极创作，大胆表达

在“创作——风在哪里”这一活动环节，引导幼儿根据活动所学的知识进行自主诗词创作，提高幼儿的语言表达能力和创造力。

（四）本活动的设计特点

1.教学模式的改变

不同的教学内容有不同的教学模式。在“感受——风的声音”这一活动环节，我力求改变以往教师直接传授的模式，而是通过让幼儿做动作进行感知，亲身体验，激发学生的探究欲望和学习兴趣。

2.教学方法的改变

在整个活动中，教师主要起到点拨、示范、启发、引导的作用，摒弃以往的一问一答式，遵循以幼儿为主体的理念，给幼儿足够的空间，活动中运用自主创作和感知体验让幼儿感知、探究、实践，在潜移默化中提高幼儿的语言表达能力。

整个活动设计主要以培养幼儿的语言表达能力与语言素养为目标，以培养幼儿对语言活动的积极情感为核心。本次活动还存在一定的缺点，有待以后研究改正。

第五节　大班科学活动“有趣的气球”教学设计

一、设计意图

气球是幼儿喜欢的玩具，它五颜六色，可以有多种变化。《幼儿园教育指导纲要（试行）》强调，要为幼儿提供丰富的可操作的材料，为每个幼儿都能运用多种感官、多种方式进行探索提供活动的条件。通过引导幼儿积极参加小组讨论、探索等方式，培养幼儿合作学习的意识和能力，学习用多种方式表现、交流、分享探索的过程和结果。为此，我们设计了“有趣的气球”这一科学探究活动，使用多种材料（醋、苏打粉、漏斗、气球等），组织幼儿以小组为单位，自主进行操作探究和讨论，积累科学知识和经验，体验科学活动的乐趣，从而逐步提升科学素养。

5—6岁幼儿对周围世界有着积极的求知探索欲。此阶段的幼儿能够初步利用科学现象和事物中内在的、隐蔽的原因来理解客观事物或科学现象的产生。但由于客观事物和科学现象中的内在因果关系比较复杂，幼儿对不同事物和现象中因果关系的理解水平并不一致，尤其对日常生活中所不熟悉的复杂因果关系还很难理解。我们利用生活中常见的气球，通过生活常见物品与气球的关系，使幼儿更加直观地看到气球的变化，同时配合讲解使幼儿对抽象的相对关系可以有更深刻的理解，提高幼儿的综合能力。

二、活动目标及重难点

（一）活动目标

1.知识与技能目标

知道气球充了气就会鼓起来，能够通过观察，说出充气多少与气球大小的变化，了解醋和小苏打混在一起会产生气体。

2.过程与方法目标

能够按步骤操作材料，使用实验记录表进行观察和记录，能大胆表达和交流自己的观察发现。

3.情感态度与价值观目标

乐意与同伴合作进行操作探索，体验科学探究活动的乐趣。

（二）活动重难点

1.活动重点

能够按步骤使用材料进行探究实验，并用观察记录表进行记录。

2.活动难点

能够使用观察记录表对实验进行记录。

三、材料准备

（一）材料准备

彩色气球、绳子、醋、小苏打、漏斗、记录卡等操作材料若干。

（二）经验准备

幼儿已有经验：幼儿已有使用气球和绳子进行吹、缠绕的经验，会使用实验记录卡进行观察和记录，认识生活中常见的材料（如醋、小苏打等）。

四、活动过程

（一）导入

1.气球宝宝猜猜猜

（1）教师以气球谜语进行导入，通过“谜语猜猜猜”的游戏，激发幼儿对活动的兴趣。

教师："小朋友们大家好！今天老师给大家带来一个谜语，'一物真奇怪，胖也快，瘦也快，胖能天上飞，瘦了落下来'，这是什么呀？（教师拿出气球进行展示）小朋友们真棒！没错，就是我们的气球宝宝。"

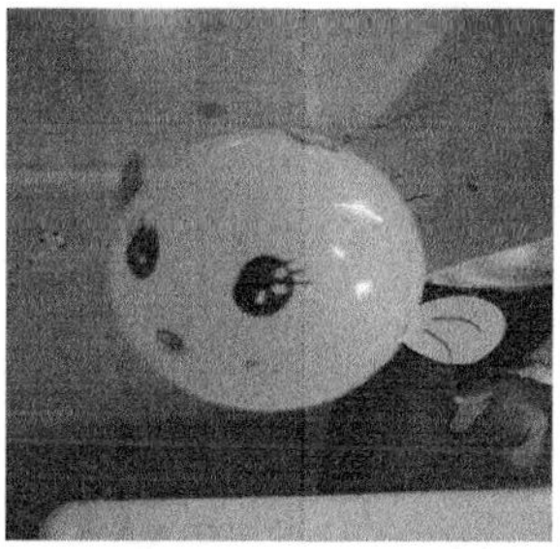

图6-5　气球宝宝

（2）教师向幼儿展示气球宝宝，引导幼儿自由探索给气球充气。

教师："你想用什么方法让气球宝宝鼓起来？"

2.气球宝宝变大了

教师出示两个色彩相同，但一个有气、一个没气的气球，师生共同讨论。

教师："两个气球一样吗？你们喜欢哪一个？为什么？"

教师引导幼儿探索充气的多少与气球的大小的关系。

教师引导幼儿进行自主操作，做出大大的气球宝宝。

教师："看来大家都喜欢大大的气球宝宝，今天老师也给大家准备了很多有趣的气球宝宝，让我们一起来试一试，怎样才能让气球宝宝变得很大呢？"

（吹气球时，嘴巴不能撒气，一口一口地吹，吹完要捏紧，不能让气漏出来，最后用绳子把气球扎起来，这样才能让气球宝宝变得大大的。）

教师请幼儿展示制作好的气球宝宝，并进行总结。

3.气球宝宝来实验

（1）教师引导幼儿认识实验材料，请幼儿仔细观察。

教师："小朋友们，除了用嘴吹，你们还有什么好办法能让气球变大呢？老师这里有一个好办法，你们看看，这些是什么？"（出示醋、小苏打、漏斗）

（2）师生共同进行猜想，教师操作步骤。

教师："小朋友们，你们猜一猜醋和小苏打混在一起，会发生什么变化？让我们一起来看一看。"

（3）教师引导幼儿操作实验，并做好记录。

教师出示步骤图，引导幼儿观察和了解实验操作步骤，幼儿说出操作提示，教师讲解，示范实验操作步骤。

教师提出实验要求和注意事项。

教师组织幼儿以小组为单位，按步骤提示完成实验，并记录实验结果。

（二）活动小结

教师请幼儿大胆地表述自己的发现，并进行总结。

（三）活动延伸

开展"漂亮的气球宝宝"这一美术活动，请每一位幼儿对自己的气球宝宝进行装饰，并进行展示和介绍，请其他幼儿说一说他们眼中的这个作品是什么样的。

五、设计思路

本活动由"气球宝宝猜猜猜""气球宝宝变大了""气球宝宝来实

验”三个部分组成，层层堆叠，开展教学。并运用现代教育技术，从视觉、触觉、听觉等方面激发幼儿学习兴趣，为幼儿营造轻松愉快的学习氛围，使幼儿主动、积极、富有创造力地参与科学探究活动，从而获得全面和谐的发展。

活动设计由循序渐进的三个部分组成，始终以幼儿的发展为本，以激发幼儿对科学探索活动的兴趣、培养幼儿的科学探究能力为目标。

（一）谜语激发兴趣

猜谜语是本活动的铺垫部分，利用“气球宝宝猜猜猜”这一活动吸引幼儿的注意力，激发他们对活动的兴趣。大班幼儿好奇心较强，善于观察和思考，针对这一特点，我展示气球宝宝，引导幼儿进行观察和思考，为之后的活动环节做了充分的铺垫。

（二）自主观察，大胆猜想

在“气球宝宝变大了”这一环节中，引导幼儿对气球进行细致的观察。教师设计巧妙精准的提问，师生讨论，激发幼儿的好奇心和探索欲，点燃幼儿思维的火花。《幼儿园教育指导纲要（试行）》中指出：“为幼儿的探究活动创造宽松的环境，让每个幼儿都有机会参与尝试，支持、鼓励他们大胆提出问题，发表不同意见，学会尊重别人的观点和经验。”因此，我引导幼儿大胆猜想并表达自己的想法，自主使用气球进行实践。针对幼儿个体差异性，在恰当的时机给予正确的干预和指导，激发幼儿的主观能动性。

（三）操作实践，感知体验

“气球宝宝来实验”是本活动的一个重点部分，投放材料——醋、小苏打、漏斗、气球等，引导幼儿自主探索不同材料能够使气球宝宝变成不同形状或大小。组织幼儿以小组为单位，用丰富的材料进行探索，并使用观察记录表进行记录。使幼儿成为活动的主体，通过自身实践，独立进行学习活动，在“做中学”“玩中学”的过程中，使幼儿获得科学探究体验，增强科学素养，从而顺利地实现活动目标。

（四）本活动的设计特点

1.教学模式的改变

不同的教学内容有不同的教学模式。在“气球宝宝来实验”这一活动环节，我力求改变以往教师直接传授的模式，而是通过让幼儿亲身实践，操作材料，来体验科学探究活动的魅力，从而激发学生的探究欲和学习兴趣。

2.教学方法的改变

在整个活动中，教师主要起到点拨、示范、启发、引导的作用，摒弃以往的一问一答式，遵循以幼儿为主体的理念，给幼儿足够的空间。活动中运用自主创作和操作实践让幼儿猜想、操作、探究、实践，在潜移默化中培养了幼儿的综合能力。

整个活动设计主要以培养幼儿的科学探索能力与科学素养为目标，以培养幼儿对科学活动的积极情感为核心。本次活动还存在一定的缺点，有待以后研究改正。

第六节　大班艺术活动“我和我的小筷子”教学设计

一、设计意图

伴随我国学前教育事业的发展，我们逐渐从“幼有所育”迈向

"幼有优育"。开展综合课程能够更好地促进幼儿身心和谐发展。在党的二十大报告中，习近平总书记提出"推进文化自信自强，铸就社会主义文化新辉煌"。

因此，本节活动创造性地以贴近幼儿生活的"筷子"为主题，将社会与艺术巧妙结合。筷子起源于中国，最早可追溯到尧舜时期，能彰显中华传统文化；同时筷子舞也是极具特色的少数民族舞蹈，慢舞稳重深沉，快舞则飘逸矫健。最抢眼的便是利用筷子作为舞具，以蒙古族传统舞蹈中"揉肩""硬肩""抖肩""绕腕"等动作为基础，加入单打、双打、交替打等多种打法，使动作不重复，拍拍有落点，轻重有节奏。本节活动通过从点到线再到面的方式，不断渗透中华传统文化的内涵，催生幼儿的民族自豪感。

二、活动目标及重难点

（一）活动目标

1. 知识与技能目标

了解筷子所表达的中华传统文化。

2. 过程与方法目标

探索筷子作为舞蹈道具的用途，了解筷子舞中单打、双打、交替打等的打法，进行简单的筷子舞创编。

3. 情感态度与价值观目标

增强幼儿对节奏的敏感性，感受中华传统文化的魅力，增强文化自信。

（二）活动重难点

1.重点

了解筷子所表达的中华传统文化，掌握筷子舞的打法。

2.难点

四肢灵活协调地完成和创编筷子舞。

3.突破重点、突破难点的方法

通过观看视频和师幼互动，使幼儿更具体直接认识筷子；通过游戏、教师示范和幼儿自主探究来帮助幼儿创编筷子舞。

三、活动准备

（一）材料准备

筷子若干、筷子舞道具、有关筷子的视频1个、舞蹈音频2个等。

图6-6　筷子舞道具和视频图

（二）经验准备

幼儿在生活中能熟练使用筷子，对舞蹈的基本动作有所了解。

四、活动过程

（一）“谈话+舞蹈”导入

活动开始前，我与幼儿互动讨论关于“筷子”的话题，引出主题，并进行筷子舞展示，激发幼儿兴趣，吸引幼儿注意力，使幼儿愿意并且想参与到活动中来。

1.师生活动设计

（1）师生谈话，引出小筷子主题。教师谈话举例：“小朋友们好，又是元气满满的一天，今天呀，老师带来了我的小伙伴，请大家猜一猜它是谁呢？听！是什么声音？看！是我的伙伴，筷子！今天呢，我和我的小筷子要表演一个节目，请小朋友来欣赏一下吧。”

（2）播放欢快的音频，教师展示筷子舞。根据幼儿身心发展特点，教师选择著名的《欢歌起舞》乐曲，自编筷子舞，跟随节奏感强的音乐，体验音乐的熏陶，瞬间抓住幼儿的眼球，带动幼儿积极参与的热情。

2.主要设计意图

教育的艺术不在于传授本领，而在于激励、唤醒和鼓舞。教师和幼儿的谈话、欢快生动的舞蹈乐曲、好看的筷子舞姿，能引起幼儿对本次活动的兴趣，将幼儿的注意力集中到教学活动中，并对筷子的特殊使用方式有一定发现，顺利引出后续环节。

（二）了解筷子文化

1.师生活动设计

承接上一环节，我们播放“小筷子”的视频故事，通过视觉、听觉、动觉多感官参与，了解筷子的中华饮食文化，带幼儿一同总结出筷子的寓意及我国的传统饮食文化等。

（1）播放视频，直观了解“筷子”的小故事。

中国人吃饭用的筷子，就是中国饮食文化的标志之一 筷子在中国至少有3 000年的历史 筷子一头圆一头方，象征着天圆地方，有民以食为天的寓意 小筷子在使用的时候，不能用筷子敲击碗盘 大人和小朋友一起吃饭时，这双筷子就是最好的教科书，就是中国深厚的文化积淀，把这种文化一代一代地传下去

（2）启发提问，教师总结。通过观看视频，教师进行启发性提问，“筷子是哪个国家的发明呢?”“筷子的两端是一样的吗?”“你们会经常给爸爸妈妈夹菜吗?”，引发幼儿对筷子从多角度进行了解，巩固幼儿对筷子文化的了解。最后，教师复述总结，巩固提高，让幼儿知道筷子是中国饮食文化的象征，具有团圆、吉祥等寓意，增强幼儿的民族自豪感和文化自信，并为后面筷子游戏和筷子舞做好铺垫。

2. 主要设计意图

这一环节能很好地跟社会领域融合，不是让幼儿枯燥地使用工具，而是让幼儿更加深刻地了解筷子，这也符合《3—6岁儿童学习与发展指南》中所提出的既要贴近幼儿生活，又要有助于拓宽其视野的要求。同时最近发展区的理念也告诉我们，必须搭建脚手架促进幼儿向更高一级的潜在水平发展，因此我用多种方式启发幼儿，如调动感官让他们看看摸摸，最后再通过总结进行巩固。

（三）“筷子穿新衣”比赛

1. 教师示范讲解“筷子穿新衣”

教师引导幼儿做“筷子穿新衣”游戏，教师出示成捆的半成品筷子，演示如何用鱼线连续穿过木筷，给“小筷子”穿新衣服，并在其间与幼儿交流，将小筷子穿新衣服的方法和其中的文化娓娓道来，顺如流水。

2. 幼儿分组进行“筷子穿新衣”比赛

幼儿2人自由组成小组，展开给小筷子穿新衣服的竞赛。自由组合给了幼儿足够的自主性，合作完成任务可提升幼儿合作意识。幼儿在合作中完成穿筷子和为小筷子挂上彩带的任务，完成舞蹈道具的制作。同时，向幼儿介绍彩带与敖包上经幡的关系，筷子上面系的彩带就来源于蒙古包的经幡，寓意着吉祥。

3. 主要设计意图

竞赛和游戏可以激发幼儿的潜力，帮助幼儿学习社会性知识和练习解决问题的能力。小组合作学习是世界上很多国家经常采用的一种富有创意和时效性的教学形式，这种形式有别于传统教学，它给幼儿自主合作的机会，可以培养幼儿的合作意识和团队意识，发展幼儿的探究和交往能力。本次活动结合以上两种模式，以“给筷子穿新衣”为目标，将活动方法隐于小小的筷子操作中，既有童趣，又有深刻的理论支撑。现代幼儿教育理念提出，要以幼儿为主体，因此我把学习的主体地位交还给幼儿，激发幼儿的能量。

（四）幼儿自由创编动作，学习筷子舞的4种打法

这部分设计以幼儿为主体，请小朋友想办法让自己的筷子发出声音，通过幼儿发现筷子和身体、筷子和地面、筷子和筷子之间的碰撞声音，以及单手敲打、双手敲打、轮番敲打等多样化发声，创编各种筷子舞的动作。之后教师播放一段蒙古族音乐，为幼儿展示筷子舞，引导幼儿仔细观察筷子舞的4种打法（单打、双打、交替打、顺打），并鼓励幼儿根据音乐的节奏自由创编动作。

1.师生活动设计

（1）幼儿自由创编筷子舞。

教师："请贝贝给我们做一做好不好？我们看贝贝是用单手去敲击身体，还是双手一起去敲打（教师模仿动作），其实小筷子发出的声音有自己的名称呢，分别叫单打和双打。"

教师："那我们用小筷子发出的声音来跳跳舞吧，da—da—da—da……"

（2）教师示范筷子舞，引导幼儿发现筷子舞的打法。

2.主要设计意图

现代幼儿教育理念提出，要以幼儿为主体，因此我把学习的主体地位交还给幼儿，给幼儿插上一双想象力的翅膀，播放音乐请他们自由感知尝试创编。教师的示范是帮助幼儿更直观地学习，在原来的水平上得到新的发展，活动中教师对筷子舞基本打法的重点、难点进行着重示范。在示范"单打、双打"等筷子舞的基本动作的同时，加以清楚的讲解，示范动作要缓慢、到位，以有利于幼儿掌握。

（五）延伸区角游戏

1.活动设计内容

活动继续以筷子为主题，在幼儿园中创办主题活动"向筷乐出发"，邀请幼儿利用各种各样的筷子进行创作，构思出奇思妙想的作品。

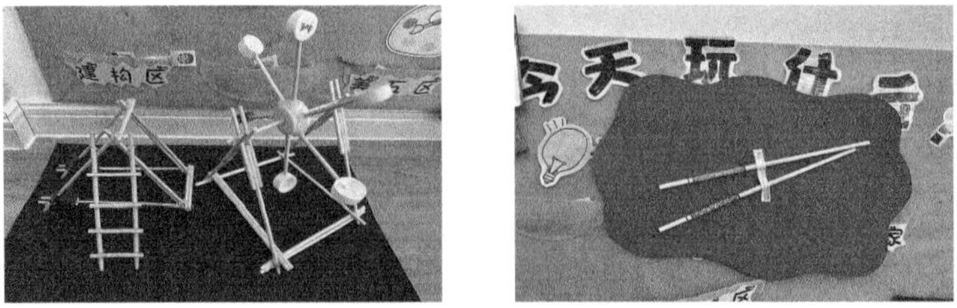

图6-7　活动区教师制作的筷子玩具图

2. 主要设计意图

好的活动当然不止于一次教学活动，应该具有延续性。因此本环节的目的主要是延续“筷子”主题，充分挖掘筷子的多样性玩法，让幼儿通过游戏感受筷子的文化魅力。

五、活动评价

纵观整个活动，各个环节紧密相连，环环相扣。以“筷子”“筷子舞打法”为线索，结合五大领域的核心优势引导幼儿在观察总结中习得知识经验，在动手操作中感受合作，在舞蹈中体验肢体协调，体会愉悦氛围。整体内容体现了“整合”的设计思想，民族文化贯穿其中，真正做到了师生互动、生生互动。我相信，通过这个活动，能让幼儿的身心得到更加和谐的发展。

第七节　研究结论与展望

本书的研究是笔者喜欢的研究领域，这些年关于如何培养幼儿园新手教师的问题，始终是笔者关注的焦点。笔者经过多年的探索，在这方面也积累了一些经验，虽然难以达到专家型研究成果，但是也做了一些调研。本书的研究是我硕士期间的一些调研，加之一些工作中的感悟和成果，其中有很多不足的地方，望读者海涵。

在幼儿教育领域，人的因素是不可或缺的，教师是非常核心的要素，教师要素里教学能力又是非常关键的因素。本书以本科毕业幼儿园新手教师作为研究对象，探讨幼儿园新手教师的教学能力问题，对学前教育质量的提升具有重要的价值。研究显示，幼儿园新手教师的学习能力、认知能力较强，实践能力有待提升。整体来看，幼儿园新手教师的教学设计能力、教学手段的运用、教案编写能力等存在不足，对教学评价行为频次较高但评价水平层次较低。这说明幼儿园新手教师有着较深厚的专业功底，学前教育理念较为新颖，但缺乏将理论与实践相结合的能力，同时也表明，我们当地的学前教育实践尚需提升，部分落后的实践无法与幼儿园教师的教育理念相匹配。针对这种情况，笔者认为，需教师教育机构、幼儿园、教师几方共同努力，才能使教师教学能力得到质的提升。

首先，幼儿园新手教师教学能力概念核心的解构问题。对这个问题的研究，笔者查了大量文献发现，关于幼儿园新手教师教学能力解构的研究其实并不多，幼儿教学能力结构的研究相对更少。从研究视角来看，无论是解构幼儿园新手教师的教学能力，还是理解幼儿教学能力，研究者都有很多自己的见地，并且一部分研究者将这些核心概念界定厘清之后，深入一线开展实践调研，通过实践调研来分析幼儿园新手教师的教学能力。本研究在这方面也做了相应工作，并将幼儿园新手教师的教学能力解构成幼儿园新手教师教学认知能力、幼儿园新手教师教学设计能力、幼儿园新手教师教学实施能力、幼儿园新手教师教学评价能力等几个方面。

其次，本书对61名幼儿园新手教师的调研，对以后相关研究有一定借鉴价值。以往与本科学历幼儿园新手教师相关的研究成果并不多，而且比较零散，缺乏系统性。本研究基于理论分析，深入一线，采用问卷、访谈等多种方式，将一线幼儿园新手教师的教学能力，以直观的方式呈现出来，并且通过研究佐证加以丰富和发展。对幼儿园新手教师的几种教学能力进行了相对丰富的阐述，对幼儿园新手教师教学能力的现状，以及在实际工作中可能存在的问题，影响幼儿园新手教师教学能力的幼儿因素、时间因素等都进行了阐述。这些阐述，前人的研究中并没有涉及。本研究的核心部分在于幼儿园新手教师教学能力现状的呈现，以及在教学过程中很可能存在的问题的呈现，并且从多角度阐述了它们的影响因素，提出了有针对性的策略，这对于幼儿园新手教师教学能力的提升是非常有帮助的，这也是本研究的另一项成果。

再次，幼儿园新手教师教学能力的提升，需要多元、多角度、多方向合力实现。在以上研究中我们发现，幼儿园新手教师的教学能力不是一个单方面的问题，不仅涉及教师自身，还有他们所在的工作场域、幼儿等。因此，如果我们想提升幼儿园新手教师的教学能力，就必须提出一个结合培养院校、幼儿园、教师以及幼儿的系统性链条式策略，涉及园长的教学领导方式和态度，课程的革新，幼儿园教师教学时间的分配，幼儿园双师型专家型教师培养的推进等。从主观、客观、内部、外部、宏观、微观等角度构建一个环绕式的培养体系，提升幼儿园新手教师的教学能力。

最后，幼儿园教学工作持续已久，但从总体上来说，我们缺乏一个对幼儿教学，包括对幼儿园新手教师的合格程度、成长程度、优秀程度的评价和衡量指标。笔者认为，幼儿园新手教师教学能力长久以来并没有一个标准，没有对幼儿园新手教师教学能力相应的评估，只是从元素的角度，通过一些年底的考核等来断定一名教师的幼儿教学是优秀的还是不优秀的，是远远不够的。所以应该建构一个科学的幼儿园新手教师教学能力的评价体系，用这样的一个体系来评价教师的教学能力，对能力水平高的教师要积极表扬，对能力水平不够的教师要进行一定培训。希望在以后的研究过程中，有研究者能够针对这方面进行相应的研究和探讨。

因为自己的学识水平有限，还有各种条件的限制，本研究无论是在广度上、深度上，还是在一些问题的把握上，都存在欠缺，望专家、学者批评指正！

第一，在对幼儿园新手教师教学能力的结构分析方面还有待提高和完善。本研究对概念的界定以及幼儿园新手教师教学能力的结构分析，是基于本地幼儿教学的实际提出的。任何概念的内涵和外延都有它自己的方式，不同的人会从不同角度去阐述问题。本研究从社会学、教育学和心理学的角度，阐述了幼儿园新手教师教学能力的构成，用几个结构模型分析了幼儿园新手教师的教学能力。在以后的研究中，因为研究者所研究的对象不同，很可能会有其他的结构方式。因为幼儿教学和幼儿教学能力本身是动态的，它们会随着时代对幼儿教学的意义赋予的不同而呈现动态变化。因此，在以后的研究中，研究者可以对这方面进行一定研究，本人也会在以后研究中不断拓展完善。

第二，对幼儿园新手教师教学能力现状的调查因素分析和存在的问题的研究还有待进一步完善。能力是复杂的，本研究仅通过问卷、访谈和实地调查的方式来研究幼儿园新手教师的教学能力，在研究方法上有所欠缺。在以后的研究中，希望研究者能够从更加细化，特别是量化的角度，通过建构一定的模型，借鉴国外的一些量表，或者是一些深入的细致性叙事研究等，从多角度用多种方法来探讨这些问题。

第三，在某些问题上研究不够深入，比如对一些现状的挖掘，一些影响因素当中核心因素的解构，等等。对教师自身的研究，也有待提出更有效的策略。在笔者以后的研究中也会从不同的角度，继续提出可操作性的具体对策。

幼儿教学是一项系统工程，幼儿园新手教师只是相关研究的一个方面，除此之外，幼儿教材的研发、教具的制作、教学方法的运用等都是很重要的研究课题，希望众多研究者能够积极投身到学前教育的研究中来，为中国教育事业的发展贡献力量。

附录1　幼儿园新手教师教学能力调查问卷

尊敬的老师您好！

这份问卷的目的是想对幼儿园新手教师教学能力有一个基本了解，希望您能根据自己的实际情况认真思考并坦率地给出您的感受和意见。您的回答无对错之分，将绝对保密，仅供研究分析之用，您如实回答，是我们研究成功的基础。

衷心感谢您的支持与协作！谢谢！

一、基本情况：请在适当选项的圆圈上打“√”

1.性别

○男

○女

2.幼儿园教学执教时间

○A.1年以下

○B.1—2年

○C.2—3年

3.所在的幼儿园是

○A.公办幼儿园

○B.普惠性幼儿园

○C.其他民办园

4.上岗前，是否接受过幼儿教学知识与技能培训（没有接受培训的教师5、6不用回答）

○A.是

○B.否

5.上岗前，所接受的幼儿专业知识与技能培训时间为

○A.不到一个月

○B.1—3个月

○C.3个月以上

6.上岗前，接受的幼儿专业培训内容为［可多选］

○A.语言知识及语言技能

○B.教育理论

○C.教学方法及技能

○D.其他(请补充)__________________

二、教师教学能力

1.我对学前教育政策文件，如《3—6岁儿童学习与发展指南》《幼儿园教师专业标准（试行）》等的了解程度

○A.非常清楚

○B.比较清楚

○C.不太清楚

○D.完全不清楚

2.我能根据每个幼儿的年龄特征及发展特点，正确判断他们现有的学习水平和发展潜能

○A.非常符合

○B.比较符合

○ C.不太符合

○ D.完全不符合

3 我能依据本班幼儿的年龄特征，正确判断幼儿的学习需要

○ A.非常符合

○ B.比较符合

○ C.不太符合

○ D.完全不符合

4.我能较好地把握教学的难点，突出重点

○ A.非常符合

○ B.比较符合

○ C.不太符合

○ D.完全不符合

5.我能及时预见幼儿心理出现的问题（如焦虑、紧张、急躁、恐慌等）

○ A.非常符合

○ B.比较符合

○ C.不太符合

○ D.完全不符合

6.我感觉设计和创编教学方案

○ A.非常容易

○ B.比较容易

○ C.不太容易

○ D.非常不容易

7.我能有针对性地选择游戏，并根据幼儿年龄差异及教学需要，因地制宜地开展游戏

○ A.非常符合

○ B.比较符合

○ C.不太符合

○ D.完全不符合

8.在选择和设计幼儿感兴趣的游戏时，我感觉到

○A.非常容易
○B.比较容易
○C.不太容易
○D.非常不容易

9.我感觉创设符合幼儿需要的安全、自由、温馨的心理环境

○A.非常容易
○B.比较容易
○C.不太容易
○D.非常不容易

10.我感觉设计与布置具有教育性和实用性的学习环境

○A.非常容易
○B.比较容易
○C.不太容易
○D.非常不容易

11.我感觉使用幼儿听得懂的教学语言

○A.非常容易
○B.比较容易
○C.不太容易
○D.非常不容易

12.我感觉使用表情、手势等肢体语言传递教学信息

○A.非常容易
○B.比较容易
○C.不太容易
○D.非常不容易

13.在教学中，我经常使用的教学工具有

○A.图片
○B.实物

○C.教学模型

○D.成品或自制教具

○E.电教设备

14.我平时使用的多媒体教学课件

○ A.是我自制的

○ B.借用其他老师做好的

○ C.在网上下载的

15.我在编写幼儿教学教案（单元教学计划）时，总是写

○A.详案

○B.简案

○C.详、简结合

○D.时详时简

○E.不写教案

16.“对于教案的设计我已经形成了自己的风格”，对此，我表示

○A.非常同意

○B.同意

○C.不知道

○D.不同意

○E.很不同意

17.我组织幼儿教学活动的形式有［多选题］*

○A.集体活动

○B.小组活动

○C.个别指导

○D.其他(请说明)________________

18.面临教学过程中的突发事件，我经常

○ A.能机智恰当地处理

○ B.反应一般，随机应付过去

○ C.经常忽视，不予理睬

○D.能及时解决,但不太恰当

19.通常情况下，我的教学活动纪律是

○ A.差(喧闹混乱)
○ B.好(动静有序)
○ C.一般(平平淡淡)

20.我在教学过程中，预防及解决教学问题、调控教学进程时，较难处理的问题是

○A.突发事件的处理
○B.纪律的管理
○C.教学时间的掌握
○D.教学重难点的把握

21.教学活动后，我进行评价的主要内容有［多选题］*

○A.教学方案设计得是否合理
○B.活动材料的准备是否充足
○C.语言、多媒体制作等教学基本功是否得体
○D.教学组织管理与氛围如何
○E.教学方法是否得当
○F.教学过程的每个环节是否紧凑、连贯
○G.是否达到了预期的教学目标

22.幼儿活动结束后，我能针对每个幼儿的特点对作品作出相应的评价

○A.经常
○B.有时
○C.很少
○D.从不

23.我编制过评价工具吗？例如：评价问卷、评价表格等

○A.是
○B.否

24. 在幼儿教学活动中，我对自己的教学行为感到困惑吗

○A. 经常

○B. 有时

○C. 从来没有

25. 当我对自己的教学产生困惑时，我会选择以什么方式来对待

○A. 想想而已，过后就忘了

○B. 先记录下来，等有时间了再说

○C. 记录下来，用来矫正以后的教学行为

○D. 深入思考，从而指导今后的实践

26. 我进行幼儿教学反思是想

○A. 完成幼儿园的规定

○B. 提高自己的教育教学能力和专业能力

○C. 满足幼儿的兴趣和需要，更好地促进幼儿的发展

○D. 其他

再次感谢您的合作！谢谢！

附录2　访谈提纲

1.您认为一名合格的“幼儿园新手教师”应该具备哪些条件和素质？为什么？

2.您认为目前自己的幼儿教学能力最需要提高的是哪些方面？

3.您认为是什么因素影响着您的教学能力的发展？请说明。

4.您认为提升幼儿园新手教师教学能力的有效途径是什么？您所在的上级管理部门及幼儿园有没有采取过相应的措施，请您简单介绍一下情况。

5.您觉得目前的幼儿授课对您是否有压力？如有，主要来自哪些方面？

6.为了提高幼儿教学能力，您最想得到哪些帮助和支持？

7.作为一名幼儿园新手教师，您在教学中有哪些困惑、难题或让您比较棘手的问题。